blue notes
25

Die Sehnsucht nach Liebe führt die englische Aristokratentochter Jane Digby Anfang des 19. Jahrhunderts quer durch Europa, nach London, Paris, München, Korfu und Athen. Dabei sammelt sie eine beträchtliche Anzahl verflossener Gatten und Geliebten an: Lord Ellenborough, Baron Venningen, Graf Theotoky – um nur die legitimen Verbindungen zu nennen. In jedem dieser Männer glaubt sie aufrichtig, die Liebe ihres Lebens gefunden zu haben. Sobald aber das »häusliche Glück«, die Tristesse des Alltags beginnt, regt sich in ihr die Ruhelosigkeit und die Sehnsucht nach Ungezwungenheit. Weder Könige noch Intellektuelle noch ein albanischer Räuberhauptmann erfüllen diese kompromißlose Sehnsucht. In Paris trifft sie Honoré de Balzac. Eine kurze Liaison verbindet die beiden. Am Bayrischen Hof wird sie die Mätresse des Königs Ludwig I. Es folgen weitere Liebhaber, ohne daß Jane Digbys Ruhelosigkeit gestillt wird. Durch ihr »lotterhaftes« Leben bei der europäischen Aristokratie in Ungnade gefallen, reist sie nach Syrien. Je mehr sie dem viktorianischen Korsett entflieht, desto sicherer ist ihr Ziel: der Orient. Hier trifft sie mit weit über vierzig Jahren ihre endgültige Liebe, Scheich Abdul Medjuel El Mesrab, mit dem bis zu ihrem Tod mal in Damaskus und mal in Beduinenzelten lebt. Nach Europa kehrt Jane Digby nur ein einziges Mal zurück: um ihr Testament zu machen.

Lesley Blanch

Nomadin des Herzens

Jane Digby – ein Porträt

edition ebersbach

1

Es gibt zwei Arten von Romantikern: Die einen lieben um der Liebe willen, und die anderen suchen vor allem das Abenteuer der Liebe. Diese sind freigebiger, beweglicher, eher imstande und bereit, mit dem Winde zu segeln. Die Frauengestalt dieser Erzählung gehörte mehr zur zweiten Art: Jane Digby, die nacheinander Lady Ellenborough, Baronin Venningen, Gräfin Theotoky und die Frau des Scheichs Abdul Medjuel el Mesrab war – um nur von ihren legitimen Verbindungen zu sprechen. Romantische Liebe allein genügte ihr nicht oder jedenfalls nicht lange. Sie sehnte sich nach dem Abenteuer. Und die Natur hatte sie so reich bedacht, daß sie sehr wohl nach eigener Façon selig zu werden vermochte.

Sie war eine große Romantikerin – aber auch eine echte Abenteurernatur, in des Wortes ursprünglicher Bedeutung, und nicht nur eine Frau, der ihre Liebesaffären diesen Namen eintrugen. Man kann Harriette Wilson, die gefeierte Kurtisane des 19. Jahrhunderts, als Abenteuerin bezeichnen – romantisch war sie ganz gewiß nicht; während ihre Zeitgenossin, Lady Bessborough, als Urbild der Romantikerin zu betrachten ist: Sie liebte den jungen Granville Leveson-Gower bis zur Raserei und »trank die Schönheit seiner blauen Augen«. »Augen, deren Anblick mir das Leben nahm« – diese Worte fand man in ihrer Handschrift quer über seinem Bilde, lange nachdem sie auf ihn verzichtet und er ihre Nichte geheiratet hatte, nachdem sie dahingewelkt und gestorben war. Granville zu lieben war ihr größtes Abenteuer.

Bei Jane Digby war es nicht ganz so einfach. Ihre Liebesgeschichten waren berühmt und nehmen sich aus wie »ein anstößiger Gotha«, wie sie selbst einmal in ihren letzten Jahren bemerkte (unmöglich, bei dieser Frau von »Alter« zu sprechen!). Ein Almanach, der fünfzig Jahre eines dramatisch bewegten Lebens mit nicht immer glücklichen Aktschlüssen umfaßte. Dennoch gelang es ihr, immer wieder mit den gleichen glühenden und doch unbefangenen Empfindungen aufzubrechen. »Zu neuen Ufern lockt ein neuer Tag!« hätte ihre Devise sein können.

Aber selbst diese Zauberin der Liebe hatte oft tiefen Kummer, fühlte sich verlassen, weinte über den Trümmern ihrer Illusionen. Allerdings niemals lange. Ihr leidenschaftliches Temperament, ihre vollblütige Gesundheit verlangten nach Leben, nach Liebe, nach Abenteuer. Und schon war sie wieder auf und davon, bereit, sich leichtsinnig und lustvoll in das nächste Liebeserlebnis zu stürzen. Mochte das Oberhaus sich noch über ihren Ehebruch ereifern, ihr bayerischer

Gemahl sich mit ihrem griechischen Geliebten duellieren, mochten ihre beiden königlichen Rivalinnen auch mit ihren Gemahlen schmollen, die beide – Vater und Sohn – ihre Liebhaber gewesen waren! Wo sie sich auch gerade befand, ob im »Almack«, diesem Sammelpunkt der Londoner Gesellschaft, oder im Lager eines albanischen Briganten – es endete immer mit einem Skandal.

»Fluten des Skandals ergießen sich!« bemerkte ein Zeitgenosse, der den schwindelerregenden Beginn ihrer Sturzfahrt mit ansah. Und auf diesen Fluten wirbelte sie dahin, bis sie schließlich von einer endgültig letzten Welle in die schwarzen Zelte der Mesrabi gespült wurde, um von nun an ihrem arabischen Herrn und Meister demütig die Füße zu waschen. Oft ist sie dann an der Spitze seiner Stammesgenossen in die syrische Wüste hinausgeritten zu einem jener Kämpfe, die in ihrer wilden Phantasie so sehr dem traditionellen Lebensstil der Araber entsprachen. Ihre Lebensform war die abenteuerliche Liebe, und diese fand sie am vollkommensten unter den Arabern.

Sie war eine Amazone. Ihr ganzes Leben verbrachte sie damit, in halsbrecherischem Tempo den wilderen Gestaden der Liebe entgegenzureiten. Jede neue Liebesaffäre war ein Feldlager, das am Wege für sie aufgeschlagen wurde. Manchmal war es ein Palast und manchmal nur ein Zelt, aber immer bedeutete es ihr eine letzte Zuflucht. Dennoch wäre es falsch, sie für mannstoll zu halten, denn sie scheint jeden Rastplatz als das endgültige Ziel ihrer Reise angesehen zu haben. Tatsächlich aber brauchte sie – wie es manchmal so geht – fünfunddreißig Jahre, um ihren wahren Bestimmungsort zu erreichen, und sie beklagte diesen Umstand gelegentlich nicht weniger als ihre Verleumder. Nach jedem herzbrechenden Ende gab es einen neuen Aufschwung, eine neue Hoffnung und – eine neue Raststätte, die eilig am Wege errichtet wurde. Vielleicht gar zu eilig! Aber schließlich besteht das Leben – nach dem Wort eines südlichen Philosophen – zu zwei Dritteln aus Liebe, und Jane Digby liebte das Leben! Vielleicht lag ihr Irrtum darin, daß sie glaubte, dem Schicksal in den Arm fallen, sich selbst darum kümmern zu müssen! Wenn wir zurückblicken auf dieses Leben, so sehen wir ein amazonenhaftes Geschöpf atemlos von Rastplatz zu Rastplatz galoppieren, immerfort auf ein Ziel zu, das sie erreichen mußte, das sie aber allein nicht zu erreichen vermochte.

Die Lebensgeschichte der Honourable Jane Digby ist eine einzige, an Helden nicht gerade arme Liebesgeschichte. Sie beginnt in Norfolk und endet in Damaskus. Jane wurde imJahre 1807 geboren und verbrachte den größten Teil ihrer Kindheit in einer idyllischen englischen Landschaft. Das späte Licht des vergehenden 18. Jahrhunderts lag golden auf ihr. Das dumpfe Donnergrollen ferner Kriege ging unter im Gekrächz der Krähen hoch oben in den Ulmenwipfeln. Nur die Geschichten, die man sich von heruntergekommenen Subjekten – den Werbern – zuraunte, und die Ammenmärchen vom Unhold Bonaparte verdüsterten ein wenig die sanfte Glut des Sonnenuntergangs, in die das Land getaucht war. Der kühle und düstere Morgen der industriellen Revolution war noch nicht angebrochen. Noch hielt sich der letzte Glanz eines Jahrhunderts, in dem die St.-Pauls-Kathedrale aus ihrer Asche erstanden war, da Clive Indien eroberte, Fielding seinen »Tom Jones« schrieb und die großen alten Adelsgeschlechter die letzten Tage ihrer Herrlichkeit erlebten.

So also sah die Welt aus, die die kleine Jane Digby in Holkham Hall, dem imposanten Herrensitz ihres Großvaters mütterlicherseits, des ältesten Grafen Leicester of Holkham, umgab. Vor seiner Nobilitierung hatte man ihn unter dem Namen »Coke of Norfolk« gekannt, und er war sicher die machtvollste Persönlichkeit, der reichste Großgrundbesitzer und der tüchtigste Landwirt der Grafschaft. Janes Kindheit spielte sich vor dem Hintergrund von Schafschur und Ernte, von Tänzen um den Maibaum und anderen ländlichen Vergnügungen ab. Dennoch aber zog sich ein Purpurstreifen geheimer Exotik durch das handfeste Gewebe dieses Daseins.

England, ja ganz Europa wurden damals vom Byronismus überflutet. Jedermann hatte »Don Juans« anmutige Verse auf den Lippen. Der romantische Orient rückte plötzlich in den Brennpunkt des Interesses. Bis dahin hatte man ihn meist als ungemütlich und schwer erreichbar geschildert, er hatte einen unangenehmen Beigeschmack nach Händlertum und nach den Machenschaften der East India Company gehabt. Nun begann man einen näheren Orient aufzuspüren, den Orient der Odalisken und düftereicher Wasserspiele, Delacroix malte seine schwülen algerischen Schönheiten, und man zitierte den »Giaour«:

The Assyrian came down like a wolf on the fold,
and his cohorts were gleaming in purple and gold.

Der assyrische Wolf trug in die Herden den Tod.
Seine Kohorten glänzten in Gold und Rot …

Welch jugendliches Ohr hätte der Musik dieser Verse widerstehen können? Jane war ein Kind des »Regency«, dieser glanzvollen Epoche vor dem viktorianischen Zeitalter. Ihr Geschmack begann sich in dem Augenblick zu bilden, da dieser etwas gewaltsam zurechtgeformte Orient seine Pracht entfaltete. In den Häusern der oberen Zehntausend waren damals romantische Kuriositäten die große Mode: ein aus einem Serail entwendeter türkischer Pantoffel, der Dolch des Dschingis-Khan …! In den Parks der großen englischen Besitzungen sprossen allenthalben kleine Pavillons hervor, die Chinoiserien wurden von Kiosken im »maurischen«, von Tempelchen im indischen Stil beiseite gedrängt. In Sezincote in Gloucestershire gab Sir Charles Cockerell seinen indischen Phantasien in heimischem Gestein Ausdruck, und die großartigen Schöpfungen, die so entstanden, versetzten den Landadel in einen Taumel von Neid und Wetteifer. Der Prinzregent fand keine Ruhe, bis er sich im »Pavillon« eingerichtet hatte. Seine berüchtigten Zwiebelkuppeln beherrschten die Landschaft und erdrückten die kleinen Bauernhäuser mit der schwärzlichen Kieselfront, die so typisch für Sussex sind. Es sähe aus, als sei die St.-Pauls-Kathedrale nach Brighton herabgestiegen und habe dort Junge bekommen, pflegte man später zu sagen.

Aber eine so unabhängige Persönlichkeit wie Jane Digby konnte sich mit solchen Nachbildungen des Orients nicht zufriedengeben, selbst wenn sie aus der Hand eines genialen Architekten hervorgingen. Sie konnte sich auch nicht damit begnügen, auf dem Sofa zu sitzen und über Moores »Orientalischen Melodien« oder über Stahlstiche von einem Sonnenuntergang in der Wüste zu seufzen.

Abenteuerliche Reisen gehörten zur Tradition ihrer Familie. Ihr Vater, Admiral Digby, war einer jener piratenhaften alten Seebären, die der Schrecken ihrer Feinde sind. Als Jane zwanzig Jahre alt war, brach ihr Vetter Henry Anson zusammen mit John Fox nach Mekka auf. Sie hatten den Plan, zunächst als Touristen ins Heilige Land zu ziehen und sich dann als Araber verkleidet der Kaaba zu nähern. Anscheinend waren sie nicht gerade glänzend für dieses gefährliche Unternehmen gerüstet. Wieweit sie des Arabischen kundig waren, ist nicht bekannt. Jedenfalls aber ließen sie die erste und wichtigste Vorsichtsmaßregel außer acht: Sie vergaßen beim Betreten einer Moschee in Aleppo, die Schuhe auszuziehen. Man entdeckte sie, und der empörte Pöbel hätte sie fast in Stücke gerissen. Lange schmachteten sie dann im Gefängnis, und grauenhafte Geschichten liefen in London um: Man habe sie in einem Harem entdeckt, verstümmelt und schließlich vergiftet …, die Ausschmückungen fanden kein Ende. Als sie endlich befreit wurden, lag Henry Anson im Sterben. Er hatte sich die Pest geholt, starb wenige Tage später und wurde in Aleppo begraben. Sein Gefährte kehrte als gebrochener Mann in die Heimat zurück.

In seinem Buch über Lady Ellenborough, wie Jane in ihrer ersten Ehe hieß, vertritt E. M. Oddie die Ansicht, ihr weitläufiger Verwandter Sir Kenelm Digby habe einen starken Einfluß auf sie ausgeübt. Sir Kenelm war ein Dichter und Abenteurer des 17. Jahrhunderts, der auch einmal nach Alexandrette gesegelt war. Er könne, so meint der Autor, durch seine Beziehungen zu Syrien, auf dem Wege einer geheimnisvollen Übertragung oder gar durch eine Art Reinkarnation, auch in Jane das Verlangen nach dem Osten entzündet haben. Diese Theorie einer Reinkarnation wird, nach Ansicht von Mr. Oddie, noch unterstützt durch die Ähnlichkeit Janes – nach dem Stielerschen Porträt – mit einem Bildnis Sir Kenelm Digby's von van Dyck. Mir erscheint dies als eine rein persönliche und etwas weithergeholte Vermutung. Man könnte ebensogut sagen,

Jane sei durch ihr exotisch anmutendes Familienwappen beeinflußt worden. Und vielleicht war sie es wirklich?! Die Wappenzier der Familie Digby wirkte im Vergleich zu den üblichen heraldischen oder mythologischen Tieren ausgesprochen »orientalisch« und hätte wohl jedes Kind gefesselt: ein Strauß, der ein Hufeisen im Schnabel hält, und zwei Affen, die Schnüre um den Leib tragen und vergoldet sind. Affen und Strauße und die Symbole des Glücks und der Reise – das ist reicher Stoff für abenteuerliche Geschichten aus fernen Ländern!

Der Strauß kommt noch einmal in ihrem Familienwappen vor – seltsam genug im Wappenschild ihres ersten Mannes, Lord Ellenborough. Aber hier ist es, dem Charakter seines Herrn entsprechend, ein weitaus prunkvollerer Vogel mit weit aufgesperrtem Schnabel, einem stattlichen Kropf und der herzoglichen Krone. Dafür gibt es hier keine liebenswürdigen Äffchen (und auch keine Symbole des Glücks oder der Reise). Aber abgesehen von den Vorfahren und den Wappenschildern muß ihr Zeitalter – das Zeitalter Byrons – auf ihre Anschauungen abgefärbt und ihren Hang zum Exotischen verstärkt haben. Diese Neigung, zusammen mit ihrem abenteuerlichen und rastlosen Wesen, führte sie unweigerlich dem Orient zu. Freilich, sie brauchte ein halbes Leben, um auf vielen Umwegen dorthin zu gelangen. Aber nachdem sich einmal die Vision ihrer romantischen Jugend erfüllt hatte, blieb Jane beständig. Der Teil ihrer Geschichte, mit dem sich dieses Buch eigentlich zu befassen hat, beginnt in Griechenland und zu einem Zeitpunkt, da sie die Vierzig bereits hinter sich hatte. Von dort aus tat sie den Schritt die Wüste.

Zunächst aber sollen uns die Abweichungen von dem ihr zugedachten Wege beschäftigen.

Ihre Kindheit spielte sich ohne besondere Ereignisse in angenehmem Wohlstande ab. Sie genoß die für ihre Zeit und ihren Stand typische aristokratische Erziehung mit vielen Bediensteten, Kindermädchen und Gouvernanten, unter denen »Steely«, Miss Margaret Steele, Janes Freundin während ihres ganzen Lebens, herausragt. Sie versuchte, mit bemerkenswertem Mißerfolg, das quecksilbrige und leichtschmelzende Material, das man ihr anvertraut hatte, in eine etwas festere Form zu bringen. Janes Mutter war jung verwitwet und hatte in zweiter Ehe Admiral Digby geheiratet. Sie und ihr zweiter Mann scheinen, was die Zukunft ihrer Tochter Jane betraf, ehrgeizig und gleichgültig zugleich gewesen zu sein. Sie kam als kleine Schönheit zur Welt und war von Anfang an von Bewunderung umgeben. Aus einer solchen natürlichen Mitgift mußte man, so meinten ihre Eltern, Kapital schlagen. Noch ehe sie siebzehn war, wurde sie an Lord Ellenborough verheiratet, einen blasierten, vor der Zeit gealterten, zynischen Lebemann.

Diese Heirat war ein augenfälliger Mißerfolg. Unwillkürlich fallen einem die gähnende Langeweile, das sorglose Wohlleben und der Zynismus ein, wie

Hogarths bekannter Stich »Marriage à la mode« sie darstellt. Der Ehemann ging bald seiner eigenen Wege. Es hieß, er sei seiner ersten Frau ein vorbildlicher Gatte gewesen, man behauptete aber auch, er sei lasterhaft und impotent – kurzum alles, was dem Klatsch gerade einfiel. Was immer er auch gewesen oder nicht gewesen sein mag – sicher war er keine kluge Wahl für ein Mädchen von Janes Wesen und Jugend. Er war als Pair wenig beliebt, er war doppelt so alt wie sie und Witwer. Aber er war eine gute Partie, und so wurde Jane nicht gefragt.

Noch ehe die Flitterwochen vorbei waren, blieb Jane völlig sich selbst überlassen. Im London des »Regency« brauchte sie nicht lange nach Zerstreuungen zu suchen. Natürlich wurde eine ganze Menge geflüstert, aber die allgemeine Ansicht ging dahin, daß, wenn Lord Ellenborough es vorzog, seine Frau, die man damals »Aurora« nannte, zu vernachlässigen, er allein sich Vorwürfe zu machen hätte. Es ist möglich, daß Jane eine Zeitlang diese Situation als normal hinnahm, ja sogar hoffte, ihr Mann würde zu ihr zurückkehren, und sich der Lehren Steelys über Selbstbeherrschung und Würde erinnerte.

Aber im Jahre 1827 begegnete sie Frederick Madden, einem ansehnlichen jungen Mann, der am Britischen Museum arbeitete und nach Holkham Hall eingeladen war, um die dortige Bibliothek zu katalogisieren. Er führte ein Tagebuch, das er dem Bodleian Institut vermachte. Unberührt ruhte es – und damit die erste

Liebesaffäre Janes – dort bis zum Jahre 1920. Im Frühling des Jahres 1827 – gerade als sich der junge Madden in einem Meer von kalbsledergebundenen Klassikern in der Bibliothek von Holkham befand – kam die junge Lady Ellenborough dort an, um ihren Großvater zu besuchen. Und hier sehen wir sie zum ersten Mal – mit dem geblendeten Blick Frederick Maddens. »Sie ist noch nicht zwanzig und eine der lieblichsten Frauen, die ich je gesehen habe, strahlend blond, mit blauen Augen, die einen Heiligen rühren würden, und Lippen, die einen dazu versuchen könnten, dem Himmel abzuschwören, wenn man sie berühren dürfte.«

Der junge Madden hatte sich freilich nie vorgenommen, ein Heiliger zu werden. Er verliebte sich bis zur Raserei in sie. Die Tage verliefen, wie es damals auf einem großen Landsitz üblich war: Man ging spazieren und plauderte, man spielte Karten, besuchte gemeinsam den Familiengottesdienst und tauschte Zeichnungen für das Album aus. Man hörte Musik, und Lady Ellenborough sang die aufreizendsten Lieder. Aber in einer unvergeßlichen Nacht – »blieb Lady E. etwas hinter der übrigen Gesellschaft zurück, und gegen Mitternacht begleitete ich sie auf ihr Zimmer. Ich Narr! Ich will nicht hinzufügen, was geschah … Gütiger Gott! Hat es jemals eine solche Glückseligkeit gegeben …«

Jedoch Steelys Lehren wirkten nach. Jane schien von Reue überwältigt zu sein. Sie ließ ihren Liebhaber hart an, sie wich ihm aus und vertat einige der wenigen

Abende, die ihnen noch blieben, mit moralischen Bedenken. Während ihres ganzen langen Lebens haben ihre Schwäche, ihre unbesonnenen Leidenschaften immer wieder ihr Gewissen bedrückt. Aus ihren Tagebüchern geht hervor, wie sie sich immer aufs neue ermahnt, sich immer wieder ein höheres Ziel setzt – und dann aus diesem Stande der Gnade wieder herausfällt und den Sündenfall so sehr angenehm findet … und dann beginnt alles aufs neue: Selbstkritik, Scham und demütige Gebete um Besserung – bis zum nächsten Ausbruch ihres Gefühls. In diesem Falle gab es noch einmal ein zärtliches Tête à tête in einer feuchten Grotte. Der Rest ist Schweigen.

Sie kehrte nach London zurück in die leichtsinnige Welt des »Almack« und »Mayfair«. Madden versuchte, ihr zu folgen – aber »Almack« und das Britische Museum hatten wenig Berührungspunkte. Sie sahen sich nie wieder. Von da ab konnte man Jane überall in Begleitung ihres Vetters Oberst George Anson bemerken, und es gab eine Menge wohlbegründeten Klatsches. Im Februar 1828 wurde sie von dem Sohn und Erben entbunden, den Lord Ellenborough sich wünschte und den er als seinen eigenen anerkannte. Um die gleiche Zeit etwa wurde er Königlicher Geheimsiegelbewahrer in Wellingtons Kabinett, und von da an bis zu dem Scheidungsprozeß, der England in angenehme Erregung versetzte, schenkte er seiner Frau keine weitere Beachtung mehr – weder zu Hause noch in der Öffentlichkeit.

Zum ersten Mal seit ihrer Heirat fühlte sich Jane völlig unabhängig von den Ermahnungen Steelys und ihrer Mama. Endlich gehörte sie der Welt der Erwachsenen an. Endlich fühlte sie sich auch der eisigen Atmosphäre im Hause ihres Mannes gewachsen. Das Kind wurde Arthur getauft – nach dem Herzog von Wellington –, und es hat den Anschein, als habe sich Jane ebensowenig für dieses Kind interessiert wie für alle ihre späteren Kinder – mit Ausnahme eines einzigen.

Als sie dem temperamentvollen Fürsten Felix Schwarzenberg begegnete, der gerade der österreichischen Botschaft in London als Botschaftssekretär unter Prinz Esterhazy attachiert worden war, war sie reif für den »coup de foudre«, der jetzt erfolgte. Sie scheinen sich nicht die geringste Mühe gegeben zu haben, ihre Affäre geheimzuhalten. Es fanden höchst unvorsichtige Rendezvous bei knapp heruntergelassenen Gardinen in seinem Hause in Harley Street statt, während Janes leichter grüner Wagen und ein gelangweilten Diener vor der Tür warteten. Sie unternahmen eine Fahrt ins Norfolk-Hotel in Brighton, wo ein herumspionierender Kellner zum Zeugen ihrer Leidenschaft wurde.

Janes Verwandte waren außer sich. Ihr Mann aber stellte sich mit großer Entschiedenheit blind. Allerlei Satiren und scherzhafte Anspielungen machten die Runde, denn es war eine Situation, wie die Epoche sie liebte. Die Londoner Gesellschaft sprach von nichts anderem. Obgleich die Zeit abgehärtet war gegen

Skandale, wie sie Carlton House erschütterten, so scheint dieser doch allen den Rang abgelaufen zu haben.

Jetzt reichte Lord Ellenborough, da es ihm gerade so paßte, das Scheidungsgesuch wirklich ein – eine Tatsache, die im Verlauf des Prozesses gegen ihn sprechen sollte. Aber in der Zwischenzeit hatte Fürst Schwarzenberg England verlassen. Ob er aus eigenem Antrieb gehandelt hat, was wahrscheinlich ist, oder ob das österreichische Außenministerium eingegriffen hatte, ist ungewiß; jedenfalls bekam er plötzlich eine Berufung nach Paris. Es war nicht weit genug entfernt. Hätte man mit Lady Ellenboroughs feuriger Natur gerechnet, so wäre nicht einmal China zu weit gewesen.

Jane Digby gehörte zu den leidenschaftlichen und impulsiven Frauen, die man zu allen Zeiten und in allen Ländern finden kann. Sie suchte nie nach Gründen. Sie war keine Frau folgerichtigen Handelns, sie lenkte ihr Gefühl nicht auf politische oder öffentliche Aufgaben ab, sie konzentrierte es einzig und allein auf ihre romantischen Beziehungen. In einem späteren Zeitalter, ohne ihre Schönheit und bei einem vielleicht stärker ausgeprägten Sinn für die Pflichten dem Staat gegenüber, hätte sie als Revolutionärin auf den Barrikaden sterben können, wäre sie womöglich eine Suffragette geworden oder eine jener heldenhaften und opferbereiten Frauen wie die Fürstin Marie Wolkonsky, die ihrem Mann, dem Dekabristen, in sein schreckliches Exil in die Bergwerke Sibiriens folgte.

So aber war sie mit allen Kräften ihres Wesens dem Leitstern des Byron-Zeitalters – der Liebe – zugewandt, die in diesem Augenblick für sie die Gestalt des Fürsten Schwarzenberg angenommen hatte. Es war nutzlos, ihr von ihren Pflichten, der herrschenden Sitte, den Konventionen, ihrem Ehemann oder ihrem kleinen Sohn zu sprechen.

Ihre Eltern scheinen noch kurzsichtiger gewesen zu sein als das österreichische Außenministerium. Sie rauschten mit verletztem Stolz in das Heim der Ellenboroughs und brachten ihre verirrte Tochter zurück aufs Land, ohne Rücksicht darauf, daß sie bereits einige Monate von ihrem Geliebten schwanger war. Sie behandelten sie wie ein ungezogenes Schulmädchen. Sie wurde nach Ilfracombe verbannt und in die Obhut von Steely gegeben, die – obgleich sie nun mehr die Rolle der Vertrauten als die der Erzieherin spielte – es doch nicht lassen konnte, Jane Moral zu predigen. Das war gewiß nicht weise.

Und nun konnte man dieses gelangweilte junge Geschöpf, die gefeierte Schönheit und das Ärgernis von London, mit einem unverkennbaren Embonpoint aus Steelys Häuschen heraustreten sehen, um den täglichen Spaziergang zu absolvieren. Jeden Nachmittag brach das ungleiche Paar auf und marschierte über die schlammigen, von hohen Hecken umgebenen Wege Norddevons, während der Nebel vom Meer her ins Land kroch, die saftigen Wiesen mit einem milchigen Dunst überzog und sanft aus den überhängenden

Zweigen herniedertropfte – eine Landschaft, in der »jeder Anblick gefällig und nur der Mensch sündig erscheint«.

Zweifellos versuchte Steely, den Sinn ihres Zöglings auf Höheres zu richten. Aber es war verlorene Mühe. Die Tage gingen in unendlicher Langeweile dahin. Handarbeiten am Morgen, Spaziergänge am Nachmittag und Kartenspiel abends, bei zugezogenen Gardinen und brennenden Kerzen, und noch so große Mengen erbaulicher Literatur und gepreßte Blumen fürs Album vermochten die Erinnerung an den Fürsten nicht auszulöschen. Steely kämpfte gegen eine erdrükkende Übermacht.

Eines Nachts ließ Jane die Teetassen, die Alben und die arme Steely zurück und brannte durch. Sie ging geradewegs nach Paris, um ihren Geliebten zu suchen. Und damit tat sie den ersten Schritt auf den Osten zu.

Sie floh nicht nach Paris, um zu Hause Skandalen aus dem Wege zu gehen. Sie waren ihr, wie sich gezeigt hatte, völlig gleichgültig. Es war der Entschluß einer Frau, die blind vor Liebe ist. Aber ach! Auch dieser Schritt erwies sich als verhängnisvoll. Sie fand die glühende Leidenschäft des Fürsten merklich abgekühlt. Er war nicht aus gleichem Stoff wie seine Geliebte, er war weder naiv noch wahrhaft leidenschaftlich. Für ihn ging die Welt noch lange nicht um einer Liebe willen unter. Er rechnete nicht mit einer Scheidung. Seine katholische Familie hätte eine solche Möglichkeit nicht einmal in Erwägung gezogen. Es war alles höchst unangenehm. Der Skandal begann in neuer Form, und seine Karriere stand auf dem Spiel. Janes Verhalten war äußerst taktlos. Gewiß, sie war die schönste Frau ihrer Zeit, und sie hatte seinetwegen alles aufgegeben – ihren Besitz, ihren guten Namen, Freunde – alles. Das war sehr anerkennenswert, gewiß ... aber ... Er hatte sich vom Abschiedsschmerz erholt und nun kein Bedürfnis nach weiterem.

Es war eine quälende Situation für beide. Aber selbst in solchen Situationen gab es gewisse Konventionen, und sie erwiesen sich als wirksamer und hielten sie für eine Weile besser zusammen als Janes überströmende Liebe. »Die arme Lady Ellenborough erwartet gerade ein Kind, während Schwarzenberg herumflaniert und flirtet«, schrieb Lady Greville aus Paris. Die Geburt einer Tochter und einer zweiten im Jahr darauf trugen wenig dazu bei, sie wieder zu vereinen. Ihre Verbindung hatte sich ausgelebt, und im Grunde war keiner von beiden dadurch häuslicher geworden. Im Jahre 1831, nach der Geburt des zweiten Kindes, verließ der Fürst sie wieder, und diesmal für immer. Jane fand sich ganz allein – gerade in dem Augenblick, als ihr Mann das Scheidungsgesuch beim Oberhaus einreichte.

Bei dieser Gelegenheit sollte man sich erinnern, daß eine Scheidung zu jener Zeit eine äußerst kostspielige und zeitraubende Angelegenheit war. Nur wenige konnten sich diesen Luxus leisten. Zunächst einmal mußte man um einen Besonderen Parlamentsbeschluß nachsuchen. Dann mußte ein Antrag beim Kirchlichen Gerichtshof eingereicht werden, was jedoch praktisch nicht mehr als eine gerichtliche Trennung bedeutete. Als nächstes mußte der Antragsteller Beweise für den ihm durch den Liebhaber seiner Frau widerfahrenen Schaden erbringen. (Frauen, denen Unrecht geschehen war, konnten nicht klagen – sie hatten es hinzunehmen.) Wenn der Schaden vom Gerichtshof für Zivilsachen angenommen war, konnte der Kläger den nächsten Schritt tun und sich an das Oberhaus wenden, um einen endgültigen Entscheid und damit die Erlaubnis zu erlangen, eine neue Ehe einzugehen. Wenn nach genauer Prüfung aller Zeugenaussagen sich die Lords einsichtig zeigten, gaben sie den Fall an das Unterhaus zu nochmaliger Überprüfung zurück. Wenn das Unterhaus auch zustimmte, so erhielt der Entscheid endlich die Königliche Genehmigung. Es ist daher nicht erstaunlich, daß es im Durchschnitt nicht mehr als zwei Scheidungen jährlich gab. Das wurde erst anders, als im Jahre 1856 ein Sondergericht für Scheidungs- und Ehefragen eingerichtet wurde – trotz der heftigen Opposition der Kirche und Gladstones, der eine donnernde Anklage dagegen ertönen ließ.

Jane verteidigte sich nicht und scheint überhaupt kein sonderliches Interesse am Prozeß gezeigt zu haben. Vermutlich war sie zu enttäuscht und zu niedergeschmettert über den endgültigen Bruch mit Schwarzenberg. Ihr erstes Kind, Arthur Law, war einige Monate zuvor gestorben. Nun hatte der Besitz der

Ellenboroughs keinen Erben. Selbst wenn sie eine Versöhnung mit ihrem Mann herbeigewünscht hätte – und nichts schien diesem arglosen Gemüt unmöglich –, es gab nichts mehr, was sie hätte zusammenführen können. Und Lord Ellenborough muß geahnt haben, daß sich immer wieder das gleiche abspielen würde. Vermutlich hat er sie in seiner kalten, aber rechtlichen Art genau abgeschätzt und ist der Ansicht gewesen, daß er sich noch gut aus der Affäre gezogen habe. Aber er scheint nicht gehässig gegen sie gewesen zu sein und zahlte ihr weiterhin die ausgesetzte recht hohe Summe.

Unterdessen stieß die Scheidungsklage auf ganz unerwartete Hindernisse. Obgleich er in einer so offenkundigen Weise zum Hahnrei gemacht worden war (und noch dazu von einem Fremden, sagte die Menge – immerhin von einem Fremden, sagten die Leute von Klasse, denn sie bewunderten die vom Festland hereinströmende Aristokratie bis zum Grade des Götzendienstes), erwarb sich der edle Lord kaum Sympathien – weder beim Volk noch bei der Klasse seiner Standesgenossen. Niemand machte den Versuch, das Benehmen seiner Frau zu beschönigen. Es gab eine Reihe höchst anstößiger Enthüllungen, als man Stallknechte, Zimmermädchen und sogar ihre frühere Gouvernante ins Kreuzverhör nahm. Denn auch sie mußte traurig zugeben, daß ihr früherer Zögling ihr ins Gesicht gelacht habe, als sie ihr das Fehlerhafte ihres Verhaltens deutlich machen wollte. Dennoch, so beharrten die Lords, schien da irgend etwas faul zu sein.

Warum forderte Lord Ellenborough die Scheidung von einer Frau, die er offensichtlich nicht für wert geachtet hatte, wirklich seine Ehefrau zu sein? Legte der edle Lord wirklich so viel Wert auf die Keuschheit seiner Frau? Warum hatte er sie, eine schöne junge Frau von achtzehn Jahren, dann Nacht für Nacht allein schlafen lassen, warum hatte er zugelassen, daß sie in der Londoner Gesellschaft in Begleitung von allen möglichen anderen, nur nicht in seiner erschien? Warum verteidigte sie sich nicht? Lord Radnor griff in wachsender Beredsamkeit Lord Ellenboroughs eheliche Vergehen an und zitierte schließlich Matthäus: »Wer sich von seinem Weibe scheidet, es sei denn um Ehebruch, der macht, daß sie die Ehe bricht.«

Nein, das Oberhaus gab sich nicht zufrieden. Man nannte Lady Ellenborough das Opfer ihres Mannes und zeigte damit eine Freiheit der Anschauung, die erheblich zusammenschrumpfte, als Königin Viktoria den Thron bestieg. Ja, man sprach sogar davon, Lord Ellenborough habe sie durch seine absichtliche Vernachlässigung und Gleichgültigkeit dazu gebracht, sich in der anstößigsten Weise zu prostituieren. Die Zeitungen zeigten unverhohlene Schadenfreude. Man wollte gesehen haben, wie Fürst Schwarzenberg Lady Ellenborough das Korsett schnürte! Miß Steely vergaß völlig, wo sie hingehörte, und ging so weit, die gesamte Aristokratie ausschweifend zu nennen und ihren Einfluß als höchst gefährlich auf die ihr einst Anvertraute zu bezeichnen! Der Skandal hatte nicht seinesgleichen, bis zwanzig Jahre später die Ermordung der Herzogin de Praslin – vermutlich durch den Herzog – die französische Aristokratie an Louis Philippes schwankendem Hof erschütterte.

Beide aber, das Ober- wie das Unterhaus, genossen jede Einzelheit der Zeugenaussage in vollen Zügen. Immer wieder wurden Kellner und Hausmädchen verhört, wurden die Aussagen der Hintertreppe genüßlich aufs neue geprüft. Die zweite Lesung der Anklageschrift am 9. März 1830 war eine Sensation. Wir können uns die Szene vorstellen: Das hohe Gericht in feierlicher Aufmachung, die langen bleichen oder purpurroten Gesichter der Adligen, der Bischöfe und Abgeordneten der Grafschaft in den Rängen, wie sie alle zu Gericht sitzen über »Aurora, das Licht des Tages«.

Lady Ellenborough wurde als »Frau von lebhaftem Temperament« bezeichnet, »die empfänglich war für den Zauber eleganter Gesellschaft«. Es wurden genaue Berichte geliefert über jenes verhängnisvolle Rendezvous in Brighton. Der Portier des Norfolk-Hotels beschrieb die Ankunft eines ausländischen Herrn, dessen Gepäck aus einer Reisetasche und einem Mantel bestanden habe. »Wieso: ausländisch?« wollte der Anwalt wissen.

»Weil er einen Schnurrbart trug«, war die Antwort. Der Fremde habe Lady Ellenborough seine Karte hinaufgeschickt und sei sogleich zum Tee eingeladen worden.

»Und …?« fragten die Herren aus dem Unterhaus, begierig, noch einmal zu hören, daß er zum Frühstück immer noch da war. Robert, der Nachtportier, gab zu, daß er – da ihm der gute Name seines Hotels am Herzen lag – durch das Schlüsselloch gesehen habe. Unglücklicherweise sei der Schlüssel im Schloß umgedreht gewesen, so daß er nichts sehen konnte. Dafür habe er aber etwas gehört.

»Was, wenn ich bitten darf?« fragte der Anwalt.

»Küsse«, war die Antwort, die erneute Aufregung im hohen Gerichtshof hervorrief.

Immer noch war das Unterhaus nicht zufrieden. Sie mußten einfach mehr wissen und bekamen nun Einzelheiten darüber zu hören, wie Jane und ihr Fürst zwar jeder für sich Wimbledon verlassen, dann aber in Putney Heath gehalten hatten, wo Jane ihre Equipage entließ und den Weg in der des Fürsten fortsetzte. Das Unterhaus nahm den Fall zum Anlaß, die Freiheit einer vernachlässigten Ehefrau zu erörtern. »Sollte sie etwa zu Hause sitzen und seufzen?« fragte Mr. Hume, ein Abgeordneter aus Aberdeen – ein langweiliger Sprüchemacher. »Könnte denn irgend jemand annehmen, daß eine Dame, die zum Ausgehen für einen Ball gekleidet ist, sich irgend etwas Unerlaubtes zuschulden kommen ließe?«

Hier wurde er durch Gelächter unterbrochen – es war das laute, lustige Lachen des Regency-England, so stelle ich mir vor, das all diese Heuchelei einfach wegfegte. Aber Mr. Hume, der ebenso einfältig wie scheinheilig war, versuchte noch einmal, die Annahme der Klage zu verhindern. Sogar noch bei der dritten Lesung ließ er etwas von betrügerischem Einverständnis durchblicken und erging sich offensichtlich darin, die lasterhafte Aristokratie im Namen seiner moralisch felsenfesten Wählerschaft zu kritisieren. Alle aber gaben zu, daß es aussehe, als habe Lord Ellenborough die wohlerwogene Absicht, sich von einer Ehefrau zu trennen, die ihm nicht paßte. Die beiden beteiligten Familien der Digby und Ellenborough verloren in den Augen der Öffentlichkeit viel von ihrem Glanz, als der Fall sich länger hinzog. Das war der Westen – mit all seinem feierlichen Pomp, seiner Prüderie und seiner Heuchelei!

Zu guter Letzt jedoch wurde die Scheidung bewilligt, obgleich das Gerücht sich hartnäckig hielt, Lord Ellenborough habe insgeheim dem Fürsten Schwarzenberg 25000 Pfund abgenommen, um nicht selbst für die seiner Frau ausgesetzte Summe aufkommen zu müssen. Wenn auch beide – sowohl ihr Mann wie ihr Geliebter – sich schlecht benommen hatten, das Parlament wenigstens blieb ritterlich gegenüber einer solchen Schönheit in ihrem Schmerz. Sonderbarerweise nämlich ließen die gleichen Gesetzgeber, die sonst bereit waren, ein Kind für ein gestohlenes Schaf zu hängen, hier den üblichen Passus beiseite, der dem schuldigen Teil verbot, sich mit dem Mitbeklagten zu verheiraten. So ließen sie Jane die Möglichkeit offen, ihren Fürsten zu ehelichen und vielleicht eines Tages zu der Mayfair-Clique zurückzukehren.

Die Exlady Ellenborough wurde nun eine gefeierte Figur in Paris. Sie lebte dort von 1829 bis 1831 mit dem Fürsten zusammen, aber da weder er noch seine Familie auch nur von Ferne an eine Heirat dachten, so verlieh der Skandal ihr in den Augen der Pariser Gesellschaft noch einen weiteren faszinierenden Glanz. Sie war mit den meisten der hervorragenden Persönlichkeiten jener Tage befreundet, ob es sich dabei um die »große Welt«, die Literatur oder die Jagd handelte. Es ist bekannt, daß Balzac, mit dem sie trotz seines unromantischen Äußeren und seines etwas schmierigen Glanzes eine kurze Liaison hatte, sie in der erotischen Lady Arabella Dudley in »Die Lilie im Tal« nachgezeichnet oder, richtiger gesagt, karikiert hat.

Dennoch bemerkte Balzac, dem nichts entging, in seltsamer Vorahnung in ihr bereits einen Funken jener orientalischen Glut, die erst in langen Jahren hervorbrechen und die wahre Natur dieser Frau enthüllen sollte. Er sah in seiner Lady Arabella eines jener elementaren und lebensvollen Geschöpfe, deren ganzes Wesen Liebe war, die aber nichts mit den Intrigen der Salons zu tun haben. Er nannte ihre Leidenschaftlichkeit »afrikanisch« – eine sonderbare Bezeichnung. Er verglich ihre Begierden mit den Stürmen, die über glühende Wüsten brausen. Er spürte ihr wahres, glühend heißes Seelenklima. Er nannte sie eine »Wüstenschwalbe«, die dem Orient zugehöre. Sprach sie ihm während ihrer kurzen Verbindung von ihrer Neigung für den Osten, die ihr vielleicht aus ihrer Kindheit geblieben war? Wie sonst konnte er sie so genau ergründen, da sie doch in den preziösen Pariser Salons, in denen sie sich trafen, noch um dreißig Jahre von dem schwarzen Beduinenzelt entfernt war? Immer wieder betont Balzac in seinem Buch diese sonnenbraune afrikanische Eigenart, die der blonden englischen Aristokratin innewohnte, deren sorglose, unbekümmerte Eleganz ihn so sehr betörte.

Aus dem Briefwechsel dieser Zeit läßt sich entnehmen, daß der Fürst inzwischen ein sehr lauer Verehrer geworden war. Jane war unmerklich in die Kategorie der Ehefrauen hinübergeglitten, die als häusliches Zubehör, wenn nicht als Belastung empfunden werden. Zwischen ihren zwei Niederkünften hatte er sie gänzlich vernachlässigt. Wenn man seiner Familie glauben will, so tröstete sich Jane mit der gleichen Leichtigkeit, wie sie es in London getan hatte.

Wieder einmal war sie auf der Suche nach ihrem eigentlichen Schicksal. Sie war immer von einem großen Zirkel umgeben, zu dem viele alte Freunde gehörten, denn Paris war der Treffpunkt der ganzen Welt. Und die meisten vergaben ihr die sträfliche Sünde, daß sie sich hatte erwischen lassen. Sie hatte eben einen entwaffnenden Charme, eine kindliche Einfachheit, die sie sich während ihres ganzen Lebens bewahren sollte. Trotz allem, was empörte Moralisten gegen sie anführen können, blieb sie arglos, drang nie etwas Gemeines oder Unechtes in ihr Wesen.

Paris hatte zu diesem Zeitpunkt einen der vielen Gipfel seines Glanzes erreicht. Es sprühte vor Leben und floß über von erstaunlichen Persönlichkeiten, die alle ihrem Jahrhundert ein Gepräge gaben. Es wurde die Wiege der Romantiker, die gerade Shakespeare entdeckt hatten und viel Aufhebens davon machten. Berlioz geriet geradezu außer sich vor Entzücken beim Anblick von Harriet Smithson als Julia im Odéon. Sie war in Wahrheit ein etwas graues kleines Ding, aber sie inspirierte Berlioz zu seiner » Symphonie Fantastique«, und darum möge ihr verziehen sein. Viele Jahre später, als sie längst seine von ihm vernachlässigte Ehefrau geworden war, schrieb Liszt ihm bei ihrem Tode, um ihn zu trösten: »Sie hat Sie inspiriert. Sie liebten sie. Sie verwandelten sie in Ihre Musik. Ihre Aufgabe war erfüllt.« Aus diesen Worten spricht nicht nur der vollkommene Egoismus des Künstlers, sondern das so vollkommen egoistische Wesen Mann – besonders der Mann des 19. Jahrhunderts, der im allgemeinen aus den olympischen Höhen der Überlegenheit auf die Frau herabsah und sie nur als Objekt für seine Zerstreuung, die Aufzucht von Kindern oder für unbezahlte Sklavenarbeit – je nach dem Stande, dem er angehörte – als tauglich betrachtete.

Das war eine Einstellung, der Jane Digby ihr Leben lang Widerstand leistete. Seltsamerweise hat der Araber, den sie später heiratete, diesen im Grunde so völlig orientalischen Standpunkt nicht geteilt. Jane war so verharrt in ihn und ihm so ergeben wie nur je eine

Frau in einem Harem. So wird von ihr berichtet, daß sie in heiterer Demut vor ihm kniet und ihm die Füße wäscht wie jede andere orientalische Frau. Aber nicht etwa, weil er es forderte, sondern weil ihre Liebe es so wollte. Sie war stolz darauf, wie eine Augenzeugin mit dem Ausdruck der Zustimmung berichtet.

In Paris, wo zu jener Zeit alles Englische modern war, muß Jane schon aus diesem Grunde einen großen Erfolg gehabt haben. Nicht nur in der Literatur, sondern auch im Sport waren Engländer führend. Lord Henry Seymour gründete den Jockey-Club, und sein Verwandter Lord Herfore (das Urbild von Thackerays bösem Marquis von Steyne) gab die pompösesten Feste in seinem Haus auf dem Platz der heutigen Oper. Die Madeleine war erst zur Hälfte fertig und rundherum von ödem Gelände umgeben, die Champs-Elysées ein finsterer Bezirk voll von lichtscheuem Gesindel. Aber auf dem linken Ufer, auf der Ile de la Cité, und in den engen Straßen, die auf die Seine hinunterführen, hat sich seit jener Zeit wenig geändert. Das damalige Paris war eine Stadt des ständigen Karnevals, man liebte die Maskenfeste. Überall auf den Boulevards wurde im Winter wie im Sommer getanzt. Es gab Szenen voll sprudelnder Laune, wie Gavarni sie in seinen Stichen verewigt hat. Er sah sie mit leiser Ironie. Eugène Sue fand sie unheilvoll. Heine empfand sie als tragisch.

Für Jane muß das damalige Paris recht ablenkend gewesen sein – der richtige Platz, um sich gegen die

Gleichgültigkeit des Fürsten abzuhärten. Die Welt, in der sie lebte, die »schöne Welt« – le beau monde –, überschnitt sich mit der Halbwelt – der demi-monde – und der mehr oder minder erfolgreichen Bohème. Jeder kannte jeden. Jede Extravaganz wurde bewundert.

Petrus Borrel gefiel sich in der Rolle des Lycanthropen oder »Wolfsmenschen«. Um mit den Verrücktheiten der Engländer Schritt zu halten, fuhr jeder Dandy einen leichten zweirädrigen Wagen. Englische Pseudonyme galten als »chic«. Jedoch waren einige, wie z. B. Philotée O'Neddy, nicht ganz überzeugend.

Die Revolution von 1830 war zu einem ständigen Gezänk zwischen der Partei der Bourbonen und der Bonapartisten abgeflaut. In Afrika war der Algerische Krieg ausgebrochen und der Name Abd el Kadirs wurde berühmt. (Dreißig Jahre später sollte Jane diesen hervorragenden Mann gut kennenlernen, als er hochgeehrt als Verbannter in Damaskus lebte und sie die Frau eines syrischen Scheichs war.)

Die weitentfernten Kriege belebten das Interesse am exotischen Orient aufs neue. Delacroix war besessen von schwülen Harem-Szenen. Kürzlich war eine Giraffe in Paris eingetroffen und erregte, wenn ihr dunkelhäutiges Gefolge sie in den Parks spazierenführte, die Begeisterung und das Erstaunen der ganzen Stadt. Alles war von nun an »à la giraffe« – von den hochgetürmten Hüten bis zu gefleckten Handschuhen. Giraffen in Palmenhainen wurden auf Eßservice gemalt oder erschienen als Stoffmuster. George Sand wurde von Musset in türkischen Pluderhosen und einer Art orientalischem Morgenrock gezeichnet, wie auch Balzac ihn liebte. (Übrigens schrieb jeder über jeden, jeder zeichnete jeden – es war eine Art Selbstberauschung.) Mérimée zeichnete sich à la chinoise im Gewande eines Mandarins mit hängendem Schnurrbart. Liszt, der immer eine besondere Neigung zu phantastischer Verkleidung hatte, bevorzugte blaue Türkenhosen. Paris war voll von solchen Karnevalsfiguren, die dem großen Debureau, der damals in den Funambules agierte, kaum nachstanden. Paganini war eine der volkstümlichsten Gestalten dieser Schaustellungen. Man konnte ihn jeden Nachmittag bei jedem Wetter unbeweglich in einem Musikgeschäft in der Nähe der Oper sitzen sehen, in einen langen, pelzverbrämten Mantel gehüllt – eine diabolische Erscheinung. Und der damals nach Ruhm ringende und hungernde Rossini war entzückt, wenn er Abend für Abend auf irgendeiner Gesellschaft für dreißig Francs aufspielen konnte.

Als Geliebte des Fürsten Schwarzenberg und niemandes Ehefrau war die ehemalige Lady Ellenborough von einer ganzen Anzahl seiner offiziellen gesellschaftlichen Verpflichtungen ausgeschlossen. Das mag sie in einen weniger exklusiven Kreis von Schriftstellern, Musikern und Leuten ähnlichen Schlages geführt haben. Diese blassen Romantiker waren trotz ihres Rufes eine recht lebensvolle Gesellschaft.

Hugo, Dumas, Balzac, de Musset, Gautier – sie alle verstanden es zu leben. Eine solche Umgebung muß viel dazu beigetragen haben, ein so beeindruckbares junges Geschöpf, wie Jane es immer noch war, zu formen. So schlüpfte sie bald aus der schulmädchenhaften Verpuppung ihrer frühen Ehejahre in London, wo selbst in der Gesellschaft des »Almack«, die sich nicht gerade durch Geist auszeichnete, ihre Bedeutungslosigkeit ebenso aufgefallen war wie ihre Schönheit. Jetzt gewann oder richtiger entwickelte sie einen unerwarteten Scharfsinn. Sie wurde eine ausgezeichnete Unterhalterin, witzig, gründlich belesen und voller überraschender und höchst individueller Einfälle, die – zusammen mit ihrem besonderen leichten englischen Humor – ihre Gesellschaft so angenehm machten.

Irgendwann im Jahre 1831 reiste Schwarzenberg ab. Und plötzlich entschloß sich auch Jane aufzubrechen. Ihre beiden Kinder scheint sie in der Obhut des gutwilligen Fürsten gelassen zu haben. So verließ die ehemalige Lady Ellenborough Paris ohne Belastung, dafür in einer Wolke von Gerüchten. Unmerklich waren die schwarzen Beduinenzelte ihr um einen Schritt näher gerückt. Wieder war sie neuer Liebe entgegen ein Stück ihres Weges ostwärts gezogen, wieder hatte sie eine Grenze hinter sich gelassen.

Zu neuen Ufern lockte ein neuer Tag!

2

In der ersten Hälfte des 19. Jahrhunderts verstand man unter »Reisen« immer noch die im 18. Jahrhundert übliche »Weltreise«, die »Grand Tour«. Es war eine bequeme Rundfahrt, ein wohlvorbereiteter Weg, auf dem eine Reihe von Gasthäusern und Poststationen die Herrenhäuser Englands, die Palais Frankreichs und die Castelle Italiens auf das angenehmste miteinander verbanden. Wien, der Rhein und die Alpen gehörten zu dieser Tour. Ungarn, Griechenland und Rußland waren ausgeschlossen. Ein Sonnenauf- oder -untergang am Montblanc galt als unerläßlich. In Staub und Regen, durch Schluchten und Wälder holperten die schwerfälligen Familienkutschen, hochbepackt mit tausend Dingen, die das Leben angenehm machten und die sich fast als notwendig erwiesen, wenn man an den Zustand der meisten damaligen Unterkünfte denkt. Reisen ohne Gepäck war unbekannt. Gold- und silberbeschlagene Kleiderkoffer, große Mantelsäcke aus Kalbsleder, komplette Küchenausrüstungen und Bettzeug – dies alles schien unerläßlich. Als Lord und Lady Blessington und der unvermeidliche Graf d'Orsay im Jahre 1821 aus Paris aufbrachen, lief die ganze Stadt zusammen, um diesen Aufbruch zu sehen. Zum »Blessington-Zirkus« – das war ihr Spitzname – gehörte eine eigens für Mylady entworfene, mit Seide ausgeschlagene Equipage mit einem Faltbett und einer kleinen, aber erlesenen Bibliothek. Lord Byron reiste mit sieben Bediensteten und fünf Kutschen, mit Möbeln, Pferden und einer transportablen Speisekammer!

Wir wissen aus keinem Bericht, wie Lady Ellenborough reiste, aber sie scheint doch wesentlich beweglicher gewesen zu sein, von einigen kleineren Capricen abgesehen: Z. B. bestand sie auf einem eigenen Bett, Tischtuch und Teller. Und außerdem glichen ihre Reisen oder richtiger ihre »Umzüge« oft eher einem Davonlaufen, einer Flucht, einem plötzlichen Wirbelwind, einem stürmischen Galopp auf dem Rücken eines feurigen Vollbluts dem neuen Geliebten entgegen.

Sie war eine glänzende Reiterin und schon äußerlich die Verkörperung der extravaganten Romanheldin jener Tage. Ihre wahre Natur aber war schlichter und feiner zugleich. Sie war ganz ohne Pose, klar und aufrichtig, lebhaft und von geradezu rührender Vertrauensseligkeit. Jede neue Liebe hielt sie für die Liebe ihres Lebens. Niemals zeigte sie auch nur eine Spur von Zynismus – auch nach vierzig abenteuerreichen Jahren nicht. Ihre freie Art zu leben vergröberte weder ihren Charakter noch ihre Schönheit.

Ihr Benehmen wurde insbesondere von ihrer englischen Familie beklagt, die ihr Bildnis zur Wand kehrte und mit der zunehmenden Prüderie des Jahrhunderts einen Horror vor der kleinsten familiären Unkorrektheit entwickelte. Und man muß zugeben, daß Janes Extravaganzen schon ein geradezu monumentales Ausmaß angenommen hatten. Aber wie sehr sie auch die öffentliche Meinung durch die bloße Anzahl ihrer Affären empörte – sie bewahrte sich die Liebe und die Achtung aller derer, die sie gut kannten. Was diese Sympathien, ihre unzerstörbare Jugend und ihre Schönheit betraf, die sie ähnlich wie Ninon de Lenclos bis weit über Siebzig bewahrte, hatte sie in ihrer Zeit nicht ihresgleichen.

Im Augenblick, da Jane aus Paris verschwand, stand sie noch im vollen Rampenlicht des Schwarzenberg-Skandals, so daß bei ihrem plötzlichen Verschwinden alle Klatschmäuler in London, Paris und Wien – nach so vielen beglaubigten Affären von kurzer Dauer, wie etwa der mit Balzac – ihre eigene Version über die Gründe ihres Verschwindens hatten. Sie lebe in romantischer Verborgenheit mit dem Prinzen Bernadotte von Schweden, hieß es … Sie sei mit dem Sohn eines Gastwirts davongelaufen, behauptete die Familie Schwarzenberg. Sie habe Zuflucht in einem Kloster gesucht, meinten wieder andere. So summte es munter von Mutmaßungen. Bald danach aber wurde sie in München gesehen. Wie, mit wem und warum sie dorthin gelangte, ist nicht bekannt. Aber sehr bald konnte sich der Klatsch von neuen Leckerbissen nähren: Lady Ellenborough hatte einen neuen Liebhaber – und diesmal war es ein König. Die Zungen gerieten erneut in heftige Bewegung, aber die Köpfe nickten zustimmend. Königliche Liebhaber gehörten durchaus zur Tradition des »Regency«.

König Ludwig I. von Bayern war ein Wittelsbacher, ein Patenkind der Marie-Antoinette und ein Protegé Napoleons. Er war ein liebenswürdiger Sonderling, obwohl er die in seiner Familie üblichen exzentrischen Neigungen nie so weit trieb wie sein Enkel Ludwig II. oder seine Nichte, die Kaiserin Elisabeth. Er begnügte sich mit einem unbegrenzten Philhellenismus und verschwendete ungeheure Summen, um München im griechischen Stil neu aufzubauen. Er eilte zwischen Rom und Athen hin und her, führte mächtige archäologische Trophäen mit sich und legte Grundsteine zu Triumphbögen – eine zugleich romantische und leicht komische Gestalt mit dem gehetzten, wirren Blick eines Schwärmers und dem riesigen Regenschirm und dem etwas verknüllten Mantel eines Professors. Seine philhellenische Schwäche kostete viel Geld, aber sonst herrschte die strengste Ökonomie. Die königlichen Kinder in der Residenz bekamen Schwarzbrot zu essen, und wenn der König sich Zwiebeln erbat, so behaupteten die königlichen Köche, ihm bei dem hauswirtschaftlichen Budget mit dieser bescheidenen Delikatesse nicht aufwarten zu können.

Aber Ludwig war in diesen kleinen Dingen nicht schwierig. Anspruchsvoll war er nur in allen Fragen der Schönheit. Sein bayerisches Griechenland wurde – nächst Paris – zu einem künstlerischen Zentrum. Seine Untertanen stöhnten unter den Ausgaben und der Steuerlast, aber ihr nationaler Stolz schwoll doch angesichts der ständig wachsenden Baupläne, der Architekten und Bildhauer, die, vom Enthusiasmus dies Königs angespornt, Tag und Nacht arbeiteten. Das exquisite Rokoko der Gebrüder Asam war vergessen. Cuvilliés vollkommene Schöpfungen waren aus der Mode gekommen. Das neue München war ein grandioses Durcheinander von romantischem Stil, Renaissance und griechischer Architektur, das man auf die alte Stadt aufgepfropft hatte.

Die Alte Pinakothek wurde errichtet, um die glänzende Sammlung des Hauses Wittelsbach aufzunehmen, die der König nun der Öffentlichkeit übergab. Dann folgten die Neue Pinakothek, das Hoftheater, die Glyptothek und Dutzende von klassischen Obelisken, Bögen und ähnlichem. Die Apotheose des Philhellenismus fand ihren Höhepunkt in der Walhalla, der Teutonischen Ruhmeshalle in der Nähe von Regensburg – einer fast getreuen Nachbildung des Parthenon, höchst seltsamer Ausdruck eines pangermanischen Geistes in der Sprache der Antike.

Dies alles also war das glanzvolle Lager, dem unsere Amazone jetzt zuritt.

Manchmal allerdings offenbarte der König eine weniger abstrakte Liebe zur Schönheit. Er berauschte sich an schönen Frauen und sollte ja auch schließlich seinen Thron wegen seiner Vernarrtheit in Lola Montez verlieren. Aber das ereignete sich erst dreißig Jahre später. Zur Zeit, da Jane nach München kam, war er ein sehr gebildeter, charmanter, wenn auch exzentrischer Mann in den besten Jahren.

Ihre Ankunft brachte sofort alles in Bewegung. Sie scheint in sehr großem Stil gelebt zu haben. Kaum daß sie zu Hof geladen war, lag ihr schon der König zu Füßen, und sie wurde seine Geliebte. Er beauftragte Joseph Stieler, ihr Bild für seine berühmte Schönheitsgalerie zu malen, eine Gemäldesammlung schöner Frauen, die er täglich betrachtete – um sich in einer Art geistiger Vereinigung zu inspirieren, wie er zu sagen pflegte. Diese Sammlung enthielt nicht nur die Damen, mit denen er in intimen oder romantischen Beziehungen gestanden hatte, sondern auch seine eigene Tochter und die Tochter des Metzgers, der dem Hof das Fleisch lieferte. Stieler war kein sehr bedeutender Maler: Seine Schönheiten sind blank wie Öldrucke, sie sind üppig und glatt und unterscheiden sich weniger durch ihren Ausdruck als durch Umgebung und Kostüm, durch das nationale Lokalkolorit sozusagen, wie es z. B. im Falle des griechischen Mädchens auf romantische Weise durch ihr quastengeschmücktes Käppchen und eine ionische Säule angedeutet wird. Man behält den Eindruck einer sehr allgemeinen Schönheit, die etwa zwischen Gainsborough und Winterhalter liegt.

Stieler scheint Lady Ellenborough nicht ganz gerecht geworden zu sein. Wir können ihre Schönheit nach den wenigen Porträts, die es von ihr gibt, kaum richtig beurteilen, ganz sicher aber nicht nach dem seinen. Sie muß strahlend lebendig und faszinierend gewesen sein, ganz abgesehen von ihren schönen Farben und ihren vollkommenen Zügen, mit rotgoldenem Haar (Balzac nennt es ein sanftes Sonnenbraun), veilchenblauen Augen und einer feinen, leicht gebogenen Nase. Was aber sehen wir auf Stielers Porträt? Eine rundliche, gelassene, wenn nicht gar schwerfällige Matrone, mit einem nicht ganz glaubhaften vergeistigten Ausdruck in den leeren Augen, die offenbar nichts mit denen zu tun haben, die Balzac an seiner Lady Dudley beschreibt: »Man erkennt die glühende Weite der Wüste in ihren Augen – nichts als reine Bläue und Liebe.«

Der selbstgefällige Ausdruck, die wohlgepolsterten Schultern, die reiche Draperie des Gewandes – alles dies kennzeichnet das Gemälde eher als eine etwas einfallslose Studie nach dem Schönheitsideal und in der Malweise der damaligen Zeit denn als ein wirkliches Porträt nach einem Modell, wie sie es war. Allen Beschreibungen nach gehörte Lady Ellenborough zu dem zarten und sorglosen Typ der schönen Engländerin, dem leichter Musselin und Morgenlicht am besten stehen – ein Typ, wie ihn Gainsborough unsterblich gemacht hat. Jedenfalls dürfen wir annehmen, daß sie zu den großen Schönheiten ihres Jahrhunderts gehörte, und wir dürfen vielleicht diesem Bilde noch ihren Charme hinzufügen und ihren sinnlichen Reiz, die sie während ihres ganzen Lebens unwiderstehlich für Männer jeden Alters und aller Rassen machte.

In München lebte Jane in ruhigem Glück. Ihr königlicher Liebhaber förderte ihre Neigung zu den schönen Künsten und entzündete als erster in ihr die Liebe zu Griechenland, die später so große Bedeutung für sie bekommen sollte. Sie nahm Malstunden, beschäftigte sich mit Bildhauerei und lernte das klassische Griechisch. Der König zog sie bei allen seinen perikleischen Plänen zu Rate. Sie wechselten Baupläne mit dem gleichen Eifer wie billets doux. Es war ein ungetrübtes Idyll. Vielleicht glaubte sie wirklich, sie habe nun ihr Ziel erreicht.

Tatsächlich aber war es wieder nur ein Zwischenspiel. Ihr Leben bestand eigentlich nur aus Zwischenspielen. Sie jagte von einem Lagerfeuer zum nächsten, wärmte sich an seinen Flammen und wunderte sich immer aufs neue, wenn sie verlöschten. Der König und sie blieben enge Freunde, und später fand Jane in Ludwigs Sohn Otto, als er König von Griechenland wurde, einen anderen königlichen Liebhaber. Ihr waren drei Könige von Madame Lenormand geweissagt worden, der berühmten Wahrsagerin, die Napoleon mit so taktloser Genauigkeit über seine Zukunft unterrichtet hatte. Edmond About, der französische Schriftsteller, der 1852 in Athen war und »Janthe«, wie er sie immer nennt, als die interessanteste Persönlichkeit der ganzen Stadt bezeichnete, behauptete, es habe auch einmal eine romantische Beziehung zwischen ihr und dem künftigen Kaiser Napoleon III. gegeben, als er ein verarmter Flüchtling in Baden war. Wenn dies zutrifft, so hätte sich Madame Lenormands Prophezeiung erfüllt.

Inzwischen hatten Janes englische Verwandte mit Erleichterung erfahren, daß sie den Baron Carl-Theodor von Venningen, einen bayerischen Adligen, geheiratet hatte. Es heißt, daß der König diese Heirat zustande brachte, um Jane einen Platz bei Hofe zu sichern oder damit sein Kind ehelich geboren würde. Aber an dieser Geschichte scheint nichts Wahres zu sein. Baron Venningen war jung und reich, er sah gut aus und war stolz. Es ist höchst unwahrscheinlich, daß er Jane geheiratet hat, um ihre Beziehung zum König zu decken. Was aber das Kind betraf, so war es dem Baron aus dem Gesicht geschnitten und brachte den Klatsch über seine königliche Abkunft zum Schweigen. Wie Baron Venningen, ein überzeugter Katholik, die Erlaubnis seiner Kirche erlangte, eine geschiedene Frau zu heiraten, ist nicht bekannt. Man nahm an, daß der König persönlich beim Vatikan darum nachgesucht hatte. Auf jeden Fall wurde die Hochzeit am 10. November 1832 in Italien gefeiert. Der König hielt sich während des Winters in Sizilien auf, und im Dezember brachte Jane einen Sohn, Heribert, in Palermo zur Welt. Während der nächsten zwei Jahre lebten die Venningens zufrieden unter der Sonne Siziliens. Ganz ohne Zweifel glaubte der Baron, Jane – die auch keine Anstalten machte wegzulaufen – endgültig gezähmt zu haben. Aber als sie nach München zurückkehrten, um dort auf dem Familienbesitz zu leben, begann sie – obwohl sie bereits wieder schwanger war – sehr ruhelos zu werden: Die Flitterwochen waren vorüber. Sie vermochte es nicht, sich dem eintönigeren Gefüge des Ehelebens anzupassen. Sie wurde von einer Tochter, Bertha, entbunden und begann sich erneut nach Zerstreuungen umzusehen. Tatsächlich aber meinte sie das Abenteuer, die Gefahr und den ewigen Szenenwechsel, nach denen ihre rastlose Natur immer verlangt hatte.

Während dieser Zeit gab es einen lebhaften Besucheraustausch zwischen München und Athen. König Ludwig I. kam der Vorwand sehr gelegen, seinen frischgekrönten Sohn Otto von Griechenland über die Wiederbelebung des klassischen Ruhms seines Landes zu belehren. Jedes der beiden Länder war im anderen große Mode. Die Dandys aus Athen schritten im exotischen Glanz ihres Nationalkostüms einher – der feingefälteten weißen Fustanella, reich mit Gold verzierten Boleros, quastengeschmückten Mützen, die sie keck aufsetzten, und breiten Ledergurten mit zahlreichen Dolchen. Sie warfen leidenschaftliche Blicke nach rechts und links aus ihren feuchten schwarzen Augen und richteten Verheerungen unter den schmachtenden deutschen Mädchen an.

Und nun ist der Augenblick gekommen, wo eine auffällige, byroneske Erscheinung die Szene betritt: Der Graf Spyridon Theotoky. Er stammte aus Korfu aus einer adligen Familie, war arm, aber stolz und so unwiderstehlich für Frauen wie Jane für die Männer. Sie trafen sich auf einem Hofball und stürzten sich sogleich kopfüber in ein gefährliches Abenteuer. Jane glaubte in ihm allen Glanz eines abenteuerlichen Lebens zu erkennen, das ihr in der Ehe mit dem Baron versagt geblieben war. Sie liebte Carl, sie bewunderte sein aufrechtes und großzügiges Wesen; aber selbst in ihrer einfältigen Hoffnung auf ein häusliches Glück mit der »Liebe ihres Lebens« (die ja Jane in jeder neuen Begegnung gefunden zu haben glaubte) kann sie sich nicht eingebildet haben, sie könne sich mit siebenundzwanzig Jahren zur Ruhe setzen und das Leben einer Münchener Matrone führen.

Als die Venningens auf ihre Besitzungen in Baden zogen, folgte ihnen der heißblütige griechische Graf in ihre Nähe nach Heidelberg. Es gab lange romantische Ritte durch den grünen Dämmer der Wälder, wo der nun leidenschaftlich entbrannte Liebhaber die Baronin Venningen bestürmte, mit ihm zu fliehen. Er hatte einer Frau wie Jane viel zu bieten: nicht nur seine Liebe und das Abenteuer, sondern die heißen Inseln Griechenlands, das vollkommene Klima der Liebe – reinsten Byronismus. Sie konnte nicht widerstehen. Ihre Rendezvous wurden immer unvorsichtiger. Abends, wenn der arglose Baron seinen Besitz inspizierte, galoppierte sie Spyridons Umarmungen entgegen.

Aber schließlich trieben sie die Dinge auf die Spitze. Der Baron schöpfte Verdacht, und er war nicht der Mann, der sich ohne weiteres zum Hahnrei machen ließ. Es heißt, daß er während eines Hofballs für den König von Preußen die Liebenden sich davonschleichen sah und, als er ihr Verschwinden bemerkte, außer sich vor Wut die Verfolgung aufnahm. Er mußte sehr schnell geritten sein – oder vielleicht hatten sich die beiden Liebenden nicht allzusehr beeilt. Jedenfalls holte er sie ein und forderte den Graf mit gezückter Pistole auf auszusteigen. Jane verfolgte die Szene schreckgelähmt aus dem Innern der Postkutsche. Die Postillons gaben die Sekundanten ab, und schon beim ersten Schuß fiel Theotoky heftig aus einer Wunde in der Brust blutend zu Boden. Bis dahin war alles so romantisch und dramatisch, wie Jane es sich nur wünschen konnte. Was jetzt kam, ähnelte eher einer Tragikomödie. Theotoky lag bleich und offensichtlich dem Tode nahe auf dem Rasen. Aber mit dem, wie alle glaubten, letzten Atemzuge noch schwor er, daß ihre Liebe unschuldig gewesen, daß bisher nichts Unehrenhaftes zwischen ihnen geschehen sei. Der Baron scheint ebenso gutgläubig wie nobel gewesen zu sein. Man entschloß sich – da der Graf so lange brauchte, seine Seele in Janes Armen auszuhauchen –, ihn lieber vom Wegesrand fort und nach Schloß Venningen zu schaffen. Aber es zeigte sich, daß alles nicht so einfach war. Jane vergoß Ströme von Tränen und pflegte den Grafen hingebungsvoll. Den Baron begannen Reue und Zweifel zu plagen. Dann – nach einer Reihe quälender »letzter« Abschiede – begann der Graf sich zu erholen. Es war eine lächerliche Situation, aber das Trio schien sie nicht zu bemerken.

Es gab kein Zurück mehr: Für Jane hätten sich alle Türen der Welt geschlossen, wenn Theotoky nach Griechenland und sie zu ihrem ernsten, wenn auch verzeihenden Gatten zurückgekehrt wäre. Es hätte für sie das nüchterne Dasein einer alternden Frau hinter den herabgelassenen Gardinen der Ehrbarkeit bedeutet, ohne einen Ausblick, ohne weite Horizonte. Es war ihr nicht möglich. Ihre Kinder Heribert und die kleine Bertha banden sie nicht mehr, als es ihre anderen drei Kinder getan hatten. Es gab neue Tränen, erneute Selbstbeschuldigungen und Qualen der Entschlußlosigkeit. Theotoky harrte bleich, aber in wachsender Leidenschaft auf der einen Seite, Venningen düster, aber immer ungeduldiger auf der anderen ihrer Entscheidung. Wie schon bemerkt, konnte man Jane zu nichts zwingen. Endlich aber war es beschlossen: Noch einmal floh sie aus der Ehe in die Flitterwochen. Noch einmal tauschte sie ein Heim, einen Mann, Kinder (wenn auch nicht ihren guten Namen – der war schon vor einiger Zeit verlorengegangen) gegen die Illusion der Liebe ein. Sie hielten es doch für klüger, ihre Affäre nicht gerade vor den Augen der patriarchalischen griechischen Gesellschaft zur Schau zu tragen, und so brach das verliebte Paar nach Paris auf. Entgegen allen Geboten der Moral waren sie sehr, sehr glücklich.

Nur das leise Bedauern, daß sie dem Baron Kummer bereitet hatte, warf einen Schatten auf ihren zweiten Aufenthalt in Paris. Sie stand bis zum Ende ihres Lebens mit ihm und ihren Kindern in einem herzlichen Briefwechsel. Aber sie gehörte nicht zu den mütterlichen Frauen. Immer war sie mehr Geliebte als Ehefrau. Balzac soll, als er sie reiten sah – angeblich von Lady Arabella – gesagt haben: »J'ai remarqué depuis, que la plupart des femmes, qui montent bien à cheval ont peu de tendresse … (Ich habe seit langem bemerkt, daß Frauen, die gut reiten, wenig Zärtlichkeit besitzen).« Aber wie so viele Engländerinnen zeigte Jane immer eine überschwengliche Liebe und Zärtlichkeit zu Tieren – ein Widerspruch, der andere Nationen erschreckt und erbittert.

In Paris verbrachten die beiden Liebenden einige sorglose Jahre in einer Aura der Romantik – die ruhige Mitte des Wirbels bei internationalen Skandalen – und scheinen schließlich auch die delikate Frage der zweiten Scheidung Janes zufriedenstellend gelöst zu haben. Man sagt, sie sei zum griechisch-orthodoxen Glauben übergetreten und daraufhin hätten sie heiraten können. Im Jahre 1841 verließen sie Paris und siedelten nach Dukades, Theotokys Heimatstadt auf Korfu, über. Seine Familie empfing Jane als ehemalige Lady Ellenborough. Sie hatten bereitwillig die Schwarzenberg- und Venningen-Episode überschlagen, vielleicht auch, weil beide so lange zurücklagen. Man war entzückt voneinander.

In einer Atmosphäre häuslichen Glücks legte Jane neue Gärten an, pflanzte eine Zypresse – die noch heute hoch und dunkel über der Landschaft stehen soll –, ließ sich Silber und Porzellan aus England kommen, bewirtete berühmte Reisende und gebar schließlich ihren Sohn Leonidas. Sie liebte dieses Kind, wie sie nie eins zuvor geliebt hatte. Sie schien zur Ruhe gekommen zu sein. Sie schien Wurzeln gefaßt zu haben. Endlich! meinten ihre englischen Verwandten in selbstgefälligem Triumph.

Als Graf Spyridon Adjutant König Ottos I. wurde, ließen die Theotokys ihr idyllisches Inselglück für immer zurück und zogen nach Athen. (Es mag sein, daß beide Könige, Vater und Sohn, bei dieser Wahl ihre Hand im Spiele hatten, um die schöne Gräfin wieder in ihren Gesichtskreis zu bringen.) Das Leben auf der Insel war der Höhepunkt in Janes romantischem Leben gewesen. Sie stand damals im vollen Glanz ihrer Schönheit und hatte neue und tiefere Freuden durch ihren kleinen Sohn Leonidas kennengelernt. In Athen war sie bald wieder von Verehrern und Versuchungen umringt. Aber der Graf war es nicht minder. Der junge König war ihr ebenso verfallen, wie es sein Vater einst gewesen war; es gab wieder Skandalgeschichten, und höchst beunruhigende

Gerüchte von der königlichen Liaison erreichten London und machten das voreilige Wohlbehagen zunichte. Janes Verwandte scheinen danach keinen weiteren Versuch unternommen zu haben, die Verbindung mit ihr aufrechtzuerhalten. Man gab sie verloren. Einzig ihr Bruder Kenelm blieb, obwohl er Geistlicher war, ihr unerschütterlich zugetan.

In Athen begann Königin Amalie Schwierigkeiten zu machen. Sie war eifersüchtig auf Janes Eroberungen – was den König und was die Hauptstadt betraf. Wenn die Gräfin Theotoky auf ihrem edlen Schimmel ausritt, jubelte die Menge der »Königin der Liebe und Schönheit« zu, wie sie allgemein hieß. Spyridon scheinen die Skandale um seine Frau gleichgültig gewesen zu sein. Er vergalt Gleiches mit Gleichem. So gerieten sie allmählich auseinander, und einzig ihr kleiner Sohn Leonidas hielt sie zusammen.

Aber sie sollten Leonidas nicht behalten. Während eines Sommers begleitete der etwa sechsjährige Knabe seine Mutter, die ihn vergötterte, nach Lucca zur Bäderkur. Er war in seinem Kinderzimmer im obersten Flur des alten Hauses, in dem sie wohnten. Als er über das Geländer hinunterschaute, sah er seine Mutter ganz weit drunten in der Halle. Er wollte das Treppengeländer hinunterrutschen, verlor das Gleichgewicht und stürzte ihr tot vor die Füße.

Jane erholte sich niemals von dieser ersten wirklich tiefgehenden Tragödie ihres Lebens. Nach dem Tode ihres Kindes brach sie erneut die Zelte ab.

Eine Zeitlang lebte sie ganz zurückgezogen. Als sie endlich nach Athen zurückkehrte, hatte sie sich von Theotoky getrennt. Sie wurden nicht geschieden, aber sie gingen beide ihre eigenen Wege. Um ihr Leid zu vergessen, stürzte sie sich in neue Abenteuer und Reisen. Der Skandal, der ihren Namen mit dem König Ottos in Verbindung gebracht hatte, belebte sich aufs neue. Es war außerdem die Rede von italienischen Gatten, von türkischen Liebhabern. Sie sollte mit ihrem Reitknecht, ja, mit dem König selbst geflohen sein … Niemand zeigte sich je so nachsichtig oder großzügig gegen Jane, wie sie es andern gegenüber stets war. »Richte nicht, auf daß du nicht gerichtet werdest«, war das Bibelwort, an dessen großherzige Forderung sie sich ein Leben lang hielt.

Athen hatte eine schon fast orientalische Leidenschaft für Skandalgeschichten. Sie machten die Runde durch die Salons und Cafés wie durch einen Bazar. Es war einer der vielen östlichen Züge dieser Stadt. Athen war nicht eigentlich Morgenland, aber es war auch nicht mehr Abendland, es war ein wildes Gemisch aus türkischen, slawischen und levantinischen Elementen. Es gab türkische Bazare und Cafés, in denen die einheimische Bevölkerung sich während der langen heißen Nächte zusammenfand, ihre Nargilehs rauchte und ungezählte Täßchen Kaffee trank. In den schlechtbeleuchteten, lärmigen Straßen drängten sich die exotischen Kostüme der verschiedenen Inseln und Provinzen. Wellen von Weihrauchduft drangen aus dunklen, ikonengeschmückten Kirchen, wo sich das Singen der Mönche mit den süßen, durchdringenden und melancholischen Liedern der Bauern mischte. Am Hafenquai faulenzten die Schiffer in der Nähe ihrer buntbemalten Boote, dösten, tranken Raki und spielten Glücksspiele. Und im Innern der Stadt, wo bayerische Architekten etwas krampfhaft versucht hatten, einige hellenische Fassaden neu erstehen zu lassen, lebte die griechische Gesellschaft so sehr nach europäischer Art, wie es ihre Umgebung zuließ.

Athen war ganz zufällig zur Hauptstadt geworden. Seine Wahl hatte mehr archäologische als politische Gründe. Der junge König Otto hatte ihr vermutlich nur aus Pietät für die klassischen Neigungen seines Vaters zugestimmt. Bevor er König von Griechenland wurde, war Athen ein Fischerdorf mit nur noch schwachen Erinnerungen an seine ruhmreiche Vergangenheit. Die neue Hauptstadt hätte am Isthmus von Corinth eine strategisch weitaus günstigere Lage gehabt. Aber hygienische und wirtschaftliche Erwägungen kamen erst in zweiter Linie. So schossen Hütten und Paläste wie Pilze aus dem Boden, und aus dem Dorf wurde über Nacht die Hauptstadt. Im Jahre 1852 soll Athen 20 000 Einwohner gehabt haben, aber nur 2 000 Häuser. Ein großer Teil der Bevölkerung lebte und schlief auf der Straße. Ministerien und Gerichte wurden – recht ungewöhnlich – oberhalb von Läden und lärmigen Garküchen untergebracht, und hohe Staatsbeamte mußten in Wirtshäusern wohnen. Es gab nur wenig Vergnügungen: Karguez, den Hanswurst, dessen anstößige Possen in der ganzen Levante bekannt sind; Klatsch, der fast immer in bösartigen Skandal ausartete, Spielkarten – Karten morgens, mittags und abends. Als Edmont About die Gräfin Theotoky fragte, ob sie gerne Karten spiele, gab sie zur Antwort: »Wir sind in Griechenland! Verleiten Sie mich nicht, schlecht von seiner Religion zu sprechen.«

Dennoch war die winzige Metropole das Ein und Alles für die Bevölkerung des Balkans. Reiche Edelleute aus der Moldau kamen von weither angereist, nur um ihr Erbe auf liederliche Weise zu vertun. Rund um die Hauptstadt breitete sich eine wilde Berglandschaft aus – ein von Briganten verseuchtes Arkadien, wie man es nannte. Aber die Athener Gesellschaft drang nicht weit in die Natur hinaus – es sei denn, man schloß sich einer Pilgerfahrt zu einem der schwer erreichbaren Felsenklöster an. Nur wenige schenkten den »Ruinen«, wie man schlichtweg sagte, einige Aufmerksamkeit. Die Archäologie, der sich einige gebildete Europäer zuwandten, ließ die modernen Griechen ziemlich ungerührt.

Unter den zahllosen Rassen und Stämmen, die sich in der kleinen Stadt zusammendrängten, fielen die Pallikaren am meisten auf. Es war eine sagenumwobene Schar, Kaufleute – und zugleich Halsabschneider, so meinten manche – aus den albanischen Bergen. Sie hatten sich glänzend im Unabhängigkeitskrieg geschlagen, und um sich ihre Sympathien zu sichern, hatte König Otto ihren Anführer, den General Xristodolus Hadji-Petros, zu seinem neuen Adjutanten an Stelle des Grafen Theotoky ernannt.

Albanien war die große Mode. Jane erinnerte sich an »Childe Harolds Pilgerfahrt« :

Land of Albania! where Iskander rose,
theme of the young and beacon of the wise …
… Land of Albania! let me bend mine eyes
on thee! thou rugged nurse of savage men!
the cross descends, thy minarets arise,
and the pale crescent sparkles in the glen
through many a cypress grove within each other's ken …

Land von Albanien, wo der Iskander steigt,
der Jugend Sehnsucht und der Weisheit Schimmer,
zu Dir nur wend ich meine Augen immer,
zerklüftet Mutterland, das rauhe Söhne schenkt,
wo Minaretts stolz steigen auf der Kreuze Trümmer,
wo in den Schluchten bleich der Halbmond hängt,
des Leuchten sich auf schmalen Pfad von dunkelnden
Zypressen senkt.

Lord Byron, dieser schlimme Romantiker! Er war ein wenig aus der Mode gekommen, aber er war die Musik ihrer Jugend gewesen … und tatsächlich vermochte niemand so wie er die Schönheit und den Adel Griechenlands zu beschwören. Niemand außer ihm hat je die Sinnenlust und das Geheimnis des Ostens so dichterisch und so wahr erfaßt wie er. Byrons poetische Ausschmückungen können, wenn man die Plätze kennt, die er beschreibt, nicht über seine geradezu fotografische Genauigkeit hinwegtäuschen. Seine Aufzeichnungen bilden einen seltsamen Kontrapunkt zu seinem dichterischen Höhenflug. Ob es sich um Geschichte, um Persönlichkeiten, um Geographie handelt – immer sind sie so exakt, wie das übrige romantisch ist.

Als der albanische General aus seinem Gebirgshorst nach Athen hinunterstieß, war er sehr bald die meistberedete Persönlichkeit des Hofes. Die Damen umschwärmten ihn, denn er sah gut aus und war eine romantische Erscheinung. Und da er nun einmal der Führer der Pallikaren war, hielt der König es für ratsam, ihn auch zum Gouverneur der Provinz Lamia zu ernennen. Er muß glänzend ausgesehen haben, überragte die meisten an Wuchs und war noch mit sechzig so stattlich und anziehend wie andere mit dreißig. Er regierte wie ein Fürst und kleidete sich auch so. Er trug die albanische karmesinrot- und goldbestickte Tracht und blinkte und blitzte von Pistolen und geschwungenen Schwertern, die zu gebrauchen er auch nicht zögerte. Seine Leute scharwenzelten mit großartigen Allüren, wilden Schnurrbärten und kräftig nach Knoblauch riechend umher. In ihren zottigen Mänteln sahen sie nach Ansicht einiger Leute wie Bären aus. Andere verglichen sie mit Wespen, wegen ihrer unglaublich schmalen Taille, die sie durch

Schnüren erreichten. Edmond About nennt sie »Wespen von Aristophanes«. Diese theatralisch aufgemachten und bedenkenlosen Gesellen ließen die Herzen der Damen von Athen höher schlagen. Es hieß sogar, die Königin habe ein besonders zärtliches Augenmerk auf ihren Anführer, Hadji-Petros.

Aber es war wieder die alte Geschichte: Nach kurzer Zeit hatte sich Jane aufs neue stürmisch und aus aufrichtigem Herzen in ihn verliebt. Was sagte es schon, daß er über sechzig und Witwer war und irgendwo im Hintergrund erwachsene Kinder hatte. Er war ein Pallikare, ein Mann aus den Bergen voll Feuer und Abenteuer – ein Symbol der Ungebändigtheit, nach der es Jane immer verlangt hatte. Sie lebten zusammen in den Bergen, galoppierten tagsüber durch die öde Wildnis und schliefen des Nachts umgeben von den Räubern im Lager. Sie galt als die Frau ihres Anführers und teilte mit ihnen die Unbekümmertheit und die Bedrängnisse ihres Abenteuerlebens. Jane war sportlich erzogen – das darf man nicht vergessen. Sie war stolz darauf, daß sie einen Fasan im vollen Galopp erlegen konnte. Endlich durfte sie die Unruhe ihres Herzens stillen. Ihr früheres verwöhntes Dasein erschien ihr jetzt erstickend. Sie beschloß, sich von Theotoky scheiden zu lassen und Hadji-Petros zu heiraten. Diese Aussicht erschien ihrem Geliebten in jedem Sinne verlockend, denn er besaß keinen Pfennig und betrachtete ihr Vermögen mit sehnsüchtigen Blicken. Nicht daß es gerade sehr bedeutend gewesen wäre … aber immerhin. Er liebte sie auch wirklich voller Leidenschaft und war willig ihrem Zauber erlegen. Außerdem war für einen hohen Sechziger eine solche Eroberung besonders schmeichelhaft.

Aber die Königin ließ nicht mit sich spaßen. Sie war schon immer auf Jane eifersüchtig gewesen. Nun sollte ihr auch noch der verführerische Hadji-Petros vor der Nase weggeschnappt werden! Als Jane wegen ihrer Scheidung und Wiederverheiratung zu unterhandeln begann, schlug die Königin zu. Hadji-Petros verlor seinen Posten als Kommandant der Pallikaren und als Gouverneur von Lamia. Als die Liebenden nach Athen zurückkehrten, waren sie in Ungnade gefallen. Und ach, der Räuberhäuptling erwies sich als erbärmlicher Kriecher! Er schrieb an die Königin und flehte sie an, ihn wieder in seine Ämter einzusetzen. »Wenn ich der Liebhaber dieser Frau wurde, so nicht weil ich sie liebe, sondern aus bloßem Eigennutz. Sie ist reich, und ich bin arm … Ich muß meine Stellung wahren und meine unmündigen Kinder erziehen.« Aber die Königin ließ sich nicht erweichen. Sie rächte sich, indem sie den Brief veröffentlichte. Aber selbst dadurch war Jane nicht von ihrer Vernarrtheit zu heilen.

Mehr als dem Mann galt sie vielleicht dem Räuberhäuptling und allem, was er an Abenteuer, an Flucht aus einem gezähmten Dasein versprach. Es war auch eine Flucht aus der Untätigkeit und Seßhaftigkeit der reiferen Jahre, die ihrem Wesen im Alter von sechsundvierzig in Athen noch genau so zuwider waren wie mit siebenundzwanzig in München. Nicht eigentlich, daß sie in besonders starkem Maße den Wunsch hatte, ewig jung zu bleiben – wer hat den schließlich nicht? Sie alterte einfach nicht – weder innerlich noch äußerlich. Sie bewahrte sich die Frische ihrer Schönheit, einen »morgendlichen Glanz«, wie sie auch ihren unverantwortlichen Optimismus und die jugendliche Lebensgier behielt.

Da nun aber nicht nur die Königin, sondern ganz Athen Janes neuester Affäre mit einer gewissen Feindseligkeit begegnete, beschlossen die Liebenden zur allgemeinen Überraschung, zunächst auf eine gemeinsame Wohnung zu verzichten, um die öffentliche Meinung nicht noch mehr gegen sich aufzubringen. Das hatte Zeit bis nach der Heirat. Jane, die wie gewöhnlich die Kosten trug, mietete zwei kleine, nahe beieinander gelegene Häuser in der Umgebung Athens. Sie zog mit ihren Bediensteten in das eine und der Räuberhauptmann mit einigen seiner Pallikaren in das andere. Aber niemand ließ sich dadurch täuschen. Sie begann mit dem Bau eines prächtigen Herrenhauses – es sollte ganz Athen in Verwirrung bringen und eine Festung ihrer Liebe werden. Wenn die Welt sie nicht wollte, mochte sie draußen bleiben! Zunächst aber lebten sie ziemlich kümmerlich in einem Teil Athens, wo »man« eben nicht wohnte! Nur sehr wenige Besucher kamen. Aber wenn es auch an Stil fehlte, war es doch keineswegs langweilig. Jane zog neuerdings die Knoblauch kauenden, Tschibuk rauchenden

Pallikaren allen parfümierten internationalen Phanarioten und Höflingen vor. Mit ganzer Seele stürzte sie sich in diese jüngste Verstrickung, sah sich als die treulich liebende Ehefrau des Hadji-Petros, als zweite Mutter seiner Kinder, als die befeuernde Herrin seiner Mannen. Sie war bereit, ihre Persönlichkeit aufzugeben und zurückgezogen in stiller Ergebenheit zu leben, wie es von den Pallikarenfrauen verlangt wurde. Sie würde sich ihrem Herrn und Meister beugen … Es war ein lieblicher Traum, der dem Rauch der Wasserpfeifen zu entsteigen schien, während die Pallikaren kunstvoll rülpsend um die Lagerfeuer saßen, die sie beharrlich in ihrem neugeplanten Garten anzuzünden beliebten.

Etwa um diese Zeit – im Jahre 1852 – traf Edmond About mit Jane zusammen. Er empfand sie als faszinierendes Objekt für eine Studie. Sie galt ihm als die bemerkenswerteste Erscheinung von Athen und immer noch als große Schönheit, der man ihr wahres Alter keineswegs ansah. Er besang ihre vollendete Figur, ihre aristokratischen Hände und Füße, ihr kastanienbraunes Haar, ihre großen tiefblauen Augen. »Sie gehört zur Elite der angelsächsischen Frauen, die Perlen im Munde tragen, gegen die die Zähne anderer Frauen sich wie Klaviertasten ausnehmen.« Er rühmt die milchige Weiße, die durchscheinende Zartheit ihres Teints, den er als besonders »englisch« empfindet. Sie errötete bei der kleinsten Gefühlserregung: »Man sah, wie ihre Leidenschaften in ihrem Gefängnis in Bewegung gerieten«, fährt er mit wachsender Wärme für seinen Gegenstand fort. Sie machte einen tiefen Eindruck auf den wißbegierigen Franzosen, der voller Achtung für ihren Ruf und ihre Schönheit war.

Aber weder ihre Schönheit noch ihre inzwischen beachtliche Erfahrung vermochten Jane vor neuem Unheil zu schützen. Eine weniger romantische und kindlich-naive Frau als sie wäre vor Hadji-Petros durch die Art gewarnt worden, in der er sich bei der Königin wieder lieb Kind zu machen suchte. Aber Jane war immer die Gebende gewesen – sowohl was das Gefühl, als auch was die materiellen Güter betraf. Sie teilte ihr Vermögen weiter zwischen dem abwesenden und fast vergessenen Spyridon (der, wie es scheint, um einen Konsulatsposten nachgesucht hatte und weiterhin den Stand eines pensionierten Exgatten genoß) und ihrem Räubergeliebten, der ebenso mittellos wie malerisch und also völlig außerstande war, zu einem Haushalt beizutragen, der Janes extravaganten Anforderungen entsprach. Finanzielle Dinge machten ihr nie großes Kopfzerbrechen, und sie hatte das Glück, daß in den Ländern, in denen sie lebte, ihre Einkünfte – etwa 3000 Pfund jährlich – ein beträchtliches Vermögen darstellten. Manchmal hatte sie ja auch reiche Liebhaber und empfing großzügige »Liebesgaben«. Ihre Smaragde waren berühmt. Und zweifellos hatte sie immer und überall Kredit. Das gehörte zu den bequemen Gepflogenheiten ihres Zeitalters. So herrschte sie weiter über die Pallikaren, setzte sich über die Geringschätzung der athenischen Gesellschaft hinweg, überwachte den Bau ihrer Liebesfestung und machte sich Hadji-Petros noch mehr als bisher zum Sklaven, indem sie sich seines jüngsten Kindes, des kleinen Eirini, annahm. Sie liebte ihn zärtlich und fand in ihm Züge ihres verlorenen Leonidas wieder. Die zweite Mutter eines kleinen Räuberkindes zu sein, erschien ihr als Buße für ihr Verhalten in der Vergangenheit. Sie spielte den ganzen Tag mit Eirini, sie las ihm französische Erzählungen und englische Kinderreime vor. Vielleicht sang sie ihn auch mit dem traditionellen Wiegenlied der Pallikaren in Schlaf. Hinter den unschuldigen Versen ist eine überraschende Heftigkeit, ja Besessenheit zu spüren … aus seinen Worten klingt das Leben dieses Volkes in Raub und Abenteuer. Es ist das Wiegenlied eines Kriegerstammes, der an dauernde Kämpfe, an Plünderung und Eroberung gewöhnt ist. In ihm verknüpfen sich Neid und Wut und Hingabe wie im Gewebe des balkanischen Lebens selbst. Es klingt etwa so:

Dozey, Pozy, Pallikare
my little sleeping boy.
I will give you a golden toy
My little sleeping joy.
Alexandria for your sweet
great Cairo for your bread
Constantinople as your kingdom
you shall be its head.

And three big villages,
and three big monasteries.
My little sleeping boy.
The village to stay in
the monasteries to pray in
my pretty sleeping joy.

Eia popeia, Pallikare,
schlafe ein, mein kleiner Knabe,
goldenes Spielzeug sollst du haben,
schlaf, du kleine Gottesgabe.
Alexandria und Kairo seien dein,
und Konstantinopel noch obendrein,
du sollst ihrer aller König sein.
Und drei große Dörfer,
sind drei große Klöster,
schlafe, schlaf, mein kleiner Knabe.
Und die Dörfer, drin zu leben,
und die Klöster, drin zu beten,
meine süße Gottesgabe.

Die Räuberidylle nahm ihren Fortgang, es war ein zurückgezogenes Dasein, das sie führten. Eines schönen Tages aber entdeckte Jane, daß Hadji-Petros in Wirklichkeit mehr in ihre Zofe Eugénie verliebt war als in sie. Das war eine herbe Enttäuschung für sie – ein Schlag, der ihr Herz und ihren Stolz traf.

Eugénie war ihr eine verläßliche und treue Gefährtin während vieler Jahre und in manchem Abenteuer gewesen! Sie war eine rätselhafte Erscheinung. Wir wissen nicht genau, wann sie in Janes Dienste trat noch woher sie kam. Wahrscheinlich war sie Französin. Vielleicht hatte sie ihren Dienst während der Schwarzenberg-Ära in Paris begonnen. Man stellt sie sich unwillkürlich etwas mürrisch und schweigsam vor, mit dunklen Augenbrauen. Eine Französin aus irgendeiner abgelegenen Provinz, aus der Auvergne etwa; mit kleinen, blanken schwarzen Augen – immer wachsam, immer bereit, auf das kleinste Fältchen eines Kragens zu achten. Ein leichter Flaum hebt ihre dünnen Lippen hervor, die nie lächeln. Ihr Gesicht hellt sich selten auf, aber die ganze Treue und Ergebenheit, deren sie fähig ist, konzentriert sich auf Madame – auf Madames Wohlbefinden, auf Madames Toiletten, auf Madames Stellung in der eleganten Welt. Man sieht förmlich, wie sie Madame gegen alle Besucher – und gelegentlich auch gegen sich selbst – verteidigt.

Dennoch war sie es, die ihrer Herrin von dem Verhalten des Generals erzählte. Ich kann mich des Gefühls nicht erwehren, daß sie dieses Mal – wenn die Geschichte überhaupt wahr ist, was sich nicht beweisen läßt – weniger im Interesse ihrer Gebieterin handelte als aus einem verzweifelten Selbsterhaltungstrieb. Jane ist gewiß eine anspruchsvolle Herrin gewesen, und Eugénie wird der zahllosen Umzüge, der plötzlichen fluchtartigen Aufbrüche, der immer neuen Heime und Länder allmählich müde geworden sein.

Sie sah alles zweifellos nur aus dem Gesichtswinkel ihrer Arbeit heraus: packen und auspacken, Seife und Lockenwickler in fremden Orten ausfindig machen, Janes angebetete Hunde spazierenführen, die Dinge in provisorischen Behausungen in Ordnung halten, sich all diesen Fremden verständlich machen ... Und zu guter Letzt nun die Pallikaren! Welche Zofe einer Dame, die etwas auf sich hielt, hätte die Aussicht auf ein Leben in einem Räuberlager mit Fassung hingenommen! Fraglos handelte sie zu ihrer beider Bestem. Indem sie ihrer Herrin jene Eröffnung machte, rechnete sie damit, daß diese Affäre damit ihr Ende hätte. Arme Eugénie! Konnte sie ahnen, daß sie nur die Wirkung haben würde, Jane zu einer neuen überstürzten Flucht zu treiben – Entbehrungen entgegen, von denen sie sich bisher nichts hatte träumen lassen, in eine Umwelt, die wilder und seltsamer war als irgendein Pallikarenlager, und schließlich in die Arme eines Araberscheichs?

Jane war liebevoll und sie trug nichts nach. Sie hatte darüber hinweggesehen, daß Hadji-Petros versucht hatte, ihre Beziehung vor der Königin hinwegzudisputieren. Sie wußte, daß er ihr Geld liebte – das störte sie gar nicht –, aber daß er auch noch ihre Zofe liebte, das war unerträglich. Er hatte sie in der Öffentlichkeit gedemütigt. Nun demütigte er sie in ihrem eigenen Hause. Das war das Ende. Sie befahl Eugénie, die Koffer zu packen. Über Nacht entschloß sie sich, noch einmal die Zelte abzubrechen. Ohne irgend jemanden in ihre Pläne einzuweihen – am wenigsten ihren bisherigen Geliebten –, verließ sie Athen mit der bedrückten, aber immer noch ergebenen Eugénie. Sie nahmen ein Schiff nach Syrien, wo sie vor einigen Jahren ein Araberpferd hatte kaufen wollen, das ihres Pallikarenherrn würdig wäre. Nun war die Reise eine Flucht, eine Ablenkung – Syrien war der erstbeste Platz auf der Welt, der sich ihr anbot, und es war vor allem neuer Boden, eine andere Welt, wohin das quälende Echo der Vergangenheit nicht drang. Und so kamen die schwarzen Zelte der Beduinen endlich in Sicht.

Jane Digby, oder vielmehr Gräfin Theotoky, wie sie ja immer noch hieß, landete gebrochenen Herzens in Syrien. So glaubte sie jedenfalls. Zum ersten Mal mußte sie sich eingestehen, daß mit sechsundvierzig Jahren das Leben, wie sie es auslegte, vorbei zu sein schien. Es wird ihr ein geringer Trost gewesen sein zu wissen, daß sie es mehr genossen hatte als die meisten Frauen. »Sind hundert Sommer erst einmal vorbei, erscheinen sie länger nicht als ein Mai.« Aber das Reisen hatte ihr bisher immer geholfen, der sagenhafte Orient würde sie ablenken. Sie wollte sich auf die Archäologie stürzen. Dieses Interesse, das König Ludwig zwanzig Jahre zuvor in ihr genährt hatte, verließ sie niemals mehr: Gelegentlich hatten brennendere Begierden es beiseite gedrängt, aber sie war eine der wenigen Athenerinnen gewesen, die mit Sachkenntnis die gelegentlichen Ausgrabungen verfolgte. Schliemann von Troja, der ungewöhnliche deutsche Krämerssohn, der auf eigene Faust Griechisch lernte und fünfzig Jahre später die Welt durch seine Ausgrabungen und die Entdeckung des trojanischen Goldschatzes in Erstaunen setzen sollte, kam nach Griechenland, als sie es gerade verlassen hatte. Sonst hätten sie sich ohne Zweifel getroffen, und vielleicht hätte sie Helenas Diadem getragen und nicht das schöne Griechenmädchen, das Schliemanns zweite Frau wurde.

Als Jane in Syrien angekommen war, faßte sie den Plan, Baalbek, Jerusalem und Palmyra zu besuchen. Sie wollte den Spuren von Zenobias sagenhaftem Königreich nachgehen. Ganz gewiß hatte sie Kinglakes Bericht von seinen Reisen im Nahen Osten gelesen, denn sie war eine eifrige Leserin und hielt sich durch große Büchersendungen aus London und Paris immer auf dem laufenden über die neue Literatur. Viele dieser Bücher empfahl ihr jüngerer Bruder Kenelm ihr, mit dem sie eine liebevolle Beziehung aufrechterhielt. Sie tauschten eingehende Berichte über ihr Tun und Treiben, obgleich sie sich nicht wiedergesehen hatten, seit sie damals, mitten im Schwarzenberg-Skandal, England verlassen hatte. Sie war eine hochgebildete Frau geworden. Ihre Lebensart hatte ihre Denkweise nicht beeinflußt. Sie war musikalisch, sie malte, und ihre bildhauerischen Arbeiten sollen bemerkenswert gewesen sein. Sie verfolgte die geistige Entwicklung in Europa genau, und sie sprach und las acht Sprachen, zu denen später noch Arabisch hinzukommen sollte.

Sie mag das Gefühl gehabt haben, daß ihr nun nur noch die Archäologie geblieben war. Und Eugénie unterstützte diese Ansicht ohne Zweifel, denn sie versprach sich davon wohl ein etwas ruhigeres Dasein für sie beide. Aber es sollte nicht sein. Es war noch kein Monat vergangen, seit sie Athen verlassen hatten, da war Jane schon in eine Affäre mit einem Araber von ganz außergewöhnlichen Reizen verwickelt. Man weiß nicht viel mehr über Sâlih, als daß er jung, kräftig und offenbar von ihr nicht minder bezaubert war als sie von ihm. Es gibt keinerlei Anhaltspunkte dafür, daß er zu den opportunistischen Dolmetschern gehörte, die sich von jeder einsamen Dame anheuern lassen. Er scheint vielmehr ein prächtiger Bursche von starkem Besitzergefühl gewesen zu sein. Jedenfalls verlor Jane völlig den Boden unter den Füßen und zog mit ihm in sein schwarzes Beduinenzelt am Rande der Wüste. Jane war hingerissen – die Pallikaren verblaßten dagegen. Als Sâlihs Stamm sie in der bekannten gastfreien und malerischen Weise der Araber feierte, war sie verloren … Plötzlich entdeckte sie den lebendigen Osten, und er stieg ihr zu Kopf. Es nützte Eugénie nichts, daß sie schmollend mit den Koffern im Gasthaus wartete. Ihre Herrin war fort und genoß in vollen Zügen das Wüstenleben am Jordan, sein zugleich erschlaffendes und ungestümes, scharfes und zartes Klima. Ein neuer »coup de foudre«! Aber ihre Liebe zu den Arabern und ihrer Lebensweise hielt ihr ganzes weiteres Leben lang an. Noch einmal war ihr die vollkommene Liebe begegnet. Sie würden für immer vereint sein, sie schwebten in unaufhörlichem Glück durch die Zeit. Sie wollten heiraten! Sein Volk sollte ihr Volk, sein Leben ihr Leben sein … Plötzlich erschien es dringend, die Scheidung von Theotoky zu betreiben, die bisher nicht geglückt war. Der Bau des Liebesnestes für Hadji-Petros mußte sofort unterbrochen werden. Sâlih war ihr ein und alles. Woraus sich ersehen läßt, daß Janes Herz so jung geblieben war wie ihre äußere Erscheinung. Für eine so erfahrene Frau war sie wirklich erstaunlich unbefangen.

Aber bevor sie nach Athen zurückkehrte, um ihre Freiheit zu erwirken, beschloß sie, Palmyra zu besichtigen. Die Archäologie verdrängte sofort ihr Liebesgefühl. Sâlih war gekränkt. Er hatte nicht mit einem solchen »sachlichen« Rivalen gerechnet. Außerdem konnte er sie nicht begleiten. Vermutlich stand ein Kriegszug wegen irgendwelcher Stammesstreitigkeiten bevor. Die Wüstenaraber lebten in einem Dauerzustand von Kampf, Plünderung und kleinen Scharmützeln. Sicheres Geleit, das man Reisenden oft zusagte, war nur eine spöttische Redensart. Meist war es nicht einmal das Papier wert, auf dem es zugesagt war. Selbst wenn verabredet war, daß die Schammaren, die Fedaan, die Gomassa oder irgendein anderer Stamm die Reisenden ungeschoren lassen sollten – sobald man aus ihrem Bereich heraus war, führte der Weg unweigerlich zu neuen Gefahren, die von einem anderen Stamm oder einer anderen Nomadengruppe drohten. Sie alle hatten ein System von Überfällen und scheinbarer Befreiung miteinander ausgearbeitet, wobei die Beute geteilt wurde. Eine Gruppe von Banditen fiel zum Beispiel unter Darbietung toller Reiterkünste, heftigem Geschieße und mit gezückten Speeren über eine Karawane ahnungsloser Reisender her. Sie nahmen ihnen alles, was sie in die Hände bekommen konnten, und im verabredeten Augenblick kam eine andere Reiterschar herangesprengt. Sie schlug die erste in die Flucht, gab vor, sie zu besiegen, und kehrte zurück, um den Reisenden den Lohn für ihre »Errettung« abzufordern. So konnten alle Beteiligten den doppelten Gewinn einstecken – das heißt, alle Araber. Es war schiere Erpressung!

Niemand war sicher. Und obgleich die Araber diese besonders durchsichtige Technik untereinander nicht anwandten, ging es doch oft genug auf Leben und Tod, wenn ein Stamm in das Gebiet eines andern Stammes geriet. Die beiden großen rivalisierenden Parteien waren die Schammaren und die Anaseh. Der Euphrat und Jahrhunderte blutiger Fehde lag zwischen ihnen. Diese dramatische Atmosphäre war – hier wie immer schon – Janes wahres Lebenselement. Kein Einwand Sâlihs vermochte sie von ihrem Vorhaben abzubringen. Sie würde sich eben allein aufmachen. Damaskus war von der Neugier aller Provinzstädte besessen. Dazu kam noch der Bazar, wo die Gerüchte entstehen, aber nie ein Ende finden. Jane war eine auffallende Erscheinung und kam wie immer rasch ins

Gerede. Diese fatale Mischung von Schönheit, sorglosem Reichtum und völliger Nichtachtung aller Konventionen machte sie für die arabische wie für die europäische Bevölkerung gleichermaßen interessant. Kaum daß ihr Vorhaben bekannt geworden war, planten auch schon mindestens ein halbes Dutzend konkurrierender Banden ihr bekanntes Überfall- und Befreiungsmanöver. Die Araber sind von Natur aus ein räuberisches Volk, und Jane war ein edles Wild. In der europäischen Kolonie begann man über ihr Verhältnis mit Sâlih zu flüstern. Man war schockiert, aber nicht eigentlich überrascht. Der britische Konsul beklagte ihre Ankunft in Damaskus. Vermutlich dachte er an die zahlreichen Ungelegenheiten, in die eine andere exzentrische Engländerin von Geblüt – Lady Hester Stanhope – einen früheren Konsul gestürzt hatte. Auch die Gräfin Theotoky war ungewöhnlich schön. Das konnte zu allerlei Unannehmlichkeiten führen. Und dazu gehörten – vom Standpunkt des Foreign Office – auch Beziehungen zu Arabern.

Edmond About erwähnt ein »höchst erregendes Ereignis« während Janes erstem Aufenthalt in Syrien. Er bezieht es auf Medjuel Mesrab, den arabischen Scheich, den sie später heiratete. Aber wenn es tatsächlich stattgefunden hat – und es ist sehr wahrscheinlich –, so muß es Sâlih betroffen haben, denn About erfuhr davon bei seinem zweiten Besuch in Athen im Jahre 1853/1854 – sehr bald also, nachdem Jane selbst dorthin zurückgekehrt war, um ihre Angelegenheiten abzuwickeln – das heißt, um ihre Zelte wieder einmal abzubrechen. Da sie immer sehr gesprächig war und gern mit entwaffnender Offenheit über persönlichste Einzelheiten ihres Lebens plauderte, ist es durchaus möglich, daß sie jenes fragliche Ereignis ihren staunenden Zuhörern in Athen selbst erzählt hat. Wenn das zutrifft, so handelt es sich eben um Sâlih und nicht um Medjuel Mesrab; von dieser Heirat war erst viel später, bei ihrer endgültigen Rückkehr nach Syrien, die Rede.

Und nun hören wir About, neugierig wie immer, über die faszinierende Janthe:

»Ein Jahr lang versuchte ich vergeblich, Nachrichten über sie zu erhalten. Aber in der vergangenen Woche hörte ich etwas über sie.« Er schildert, wie Janthe an ihrem Liebesnest für Hadji-Petros gebaut habe und dann nach Syrien geeilt sei, um ein Araberpferd zu erstehen, das ihres Stalles und ihres Räubergeliebten würdig sei. Er bemerkt, daß ihre Abreise sehr plötzlich vor sich gegangen sei und ihre Freunde überrascht habe. Offenbar weiß er den wahren Grund ihrer Flucht nicht, der ja auch nicht allgemein bekannt war und den sie damals nur ihrem Tagebuch anvertraut hat. Er fährt fort: »Janthe fand eine Araberstute so reinen Geblüts, wie sie sie gesucht hatte Sie gehörte einem Scheich. Der Scheich war jung und umgänglich. Er sagte zu Janthe: ›Das Pferd ist leider nicht zu zähmen! Und selbst wenn man es zureiten könnte, so wüßte ich keinen Preis dafür zu nennen, denn es ist mir lieber als alles, was ich besitze, sogar als meine drei Frauen!‹ Und Janthe erwiderte: ›Ein schönes Pferd ist ein Schatz, aber drei schöne Frauen sind auch nicht zu verachten. Sende mir das Pferd, ich will sehen, ob ich es zähmen kann.‹« »Zwei Araber brachten das Pferd zu Janthe, und sie ritt es zu. Während sie mit dem Scheich an ihrer Seite dahingaloppierte, fand er sie begehrenswerter als alle seine drei Frauen zusammen. ›Eine Frau erreicht, was dem Mann mißlingt‹, meinte er, ›denn eine Frau weiß, wann sie nachgeben muß! Das Tier ist nun unschätzbar, da du es gezähmt hast, aber wenn du es immer noch zu kaufen wünschst, so sollst du es nicht mit Geld bezahlen …‹« About zufolge soll Janthe für einige Augenblicke in tiefes Schweigen versunken sein. Wir sehen, wie sie ihren Ritter mit einem zugleich prüfenden und herausfordernden Blick von der Seite betrachtet. Aber sie war es gewohnt, ihren Willen durchzusetzen. Sie erwiderte also, daß er ja nicht den langen Weg hergekommen sei, um mit ihr Bedingungen auszuhandeln – sie sei bereit, seinen Preis zu zahlen. Aber auch sie habe eine Forderung: Er müsse sich von seinem Harem trennen.

Der junge Scheich machte Einwendungen. Es sei gegen die Sitte. Ein Moslem habe der Tradition nach so viele Frauen, wie er sich leisten könne. Sollte er wie ein Habenichts dastehen – mit nur einer Frau? Er rief sogar seine Religion an und das Türkische Gesetz, das damals in Syrien galt. Kurzum – er fand Janthes Forderung zu hoch. Und hier bietet sich uns denn das erstaunliche Schauspiel, wie die Gräfin Theotoky, die ehemalige Baronin Venningen, die einstige Lady Ellenborough, Balzacs afrikanische Geliebte, eine Schönheit, die sich Könige unterwarf – mit einem jungen Araberscheich um den Preis ihrer eigenen Unterwerfung handelt. About berichtet dann, daß sie einen Vertrag schlossen – und einen recht merkwürdigen dazu:

Janthe sollte für die Dauer von drei Jahren die einzige Frau des Scheichs sein. Wenn er am Ende dieser Zeit den Wunsch hätte, seinen Harem wieder einzurichten, so sollte er das unbehindert tun, wenn nicht, so sollte der Vertrag zu den gleichen Bedingungen erneuert werden. Wenn die detaillierten Einzelheiten, die About mitteilt, richtig sind, so darf man daraus wohl entnehmen, daß Janthe ihren naiven Optimismus wirklich bewahrt und bis zu dem Punkte völliger Verrücktheit getrieben hat. Selbst eine ungewöhnliche Schönheit wie sie konnte kaum gehofft haben, einen fünfzehn bis zwanzig Jahre jüngeren Araber in strenger Monogamie zu halten.

Immerhin – das Gerede hielt sich, und die Athener Gesellschaft lebte monatelang davon. Als Abouts Buch »La Grèce Contemporaine« ins Englische übersetzt wurde, ließ man diese Episode fort – vermutlich aus Rücksicht auf Janes englische Verwandte. Der griechische Historiker und Staatsmann Spyridon Trikoupis, der in Korfu gelebt hatte und dreimal griechischer Gesandter in London war, muß sie gut gekannt haben. Vermutlich diente er als Filter, durch das nur beruhigendere Kunde über ihr Leben in Athen nach England drang.

Aber zurück nach Damaskus, wo Sâlih schmollte, während Janthe ihre Reise nach Palmyra weiterhin ohne ihn plante. Wieder einmal wird der unwiderstehliche Reiz des Abenteuers für Jane sichtbar. Nicht einmal eine neue Liebe konnte sie lange festhalten, wenn sie die Nähe der Wüste spürte und erregende neue Bilder auf sie warteten. Ihr unruhiges Blut geriet in Wallung.

Als sie nun auf eine Kamelkarawane wartete, die sie durch die Wüste bringen sollte – damals eine Reise von neun Tagen –, begegnete sie dem Mann, der ihr vierter und letzter Gatte und ihre wirklich große Liebe werden sollte – dem Scheich Abdul Medjuel el Mesrab. Sein Stamm gehörte zu den Anazeh-Arabern. Die Wüste rund um Palmyra stand unter ihrer Herrschaft, und sie galten – gemessen an den Stammesgewohnheiten jener Tage – als besonders ehrenhaft und gebildet. Sie waren weder zahlreich noch wohlhabend, aber sie gehörten zu der Aristokratie unter den Stämmen. Scheich Medjuel war der zweite von neun Söhnen. Sein Vater, der Herrscher des Stammes, war ein bemerkenswerter Mann gewesen. Er hatte darauf bestanden, daß alle seine Söhne eine gründliche Erziehung erhielten. Medjuel konnte lesen und schreiben, und das war eine hohe Auszeichnung unter den Beduinen. Er sprach mehrere Sprachen und war sehr belesen. Er hatte sich mit der Geschichte des alten Syrien befaßt und kannte die Wüste und ihre Legenden wie kaum ein anderer. Manchmal übernahm er das Geleit hervorragender Reisender. Das besserte die Finanzen des Stammes auf, und ihm brachte es interessante Verbindungen mit der Außenwelt. Man hatte Jane den Vorschlag gemacht, er solle sie begleiten, und so trafen sie zusammen.

Medjuel el Mesrab war nur wenige Jahre jünger als Jane. Er war alles andere als die beliebte Romanfigur eines Wüstenadonis mit glühenden Augen – obgleich fast alle Araber diesen schimmernden und undurchdringlichen Blick haben, der für europäische Frauen so unwiderstehlich zu sein scheint.

Er hielt sich an die Hirten- und Nomadentradition seines Volkes. (Erst nach fünfzehnjähriger Ehe gelang es Jane, ihn zum Gebrauch von Messer und Gabel zu überreden.) Er war gelehrt und männlich, er hatte Charakter und Humor. Er kam aus der Wüste. Die glatte höfische Redeweise der städtischen Araber, wie Doughty sie beobachtete, war ihm gänzlich fremd. Er machte einen starken Eindruck auf alle bedeutenden Reisenden, die ihn später aufsuchten, als er und Jane verheiratet waren. Byrons Enkelin, Lady Anne Blunt, und ihr Mann, der Dichter Wilfried Scawen Blunt, begegneten ihm auf ihren Wanderungen durch Syrien beim Einkauf von Araberpferden, die sie später in England einführten. Sie sahen in ihm nicht »le mari de Madame«, sondern eine Persönlichkeit von durchaus eigener Bedeutung.

Aber bei ihrer ersten Begegnung mit Medjuel stand Jane noch im Banne Sâlihs. Medjuel war für sie nur ein höflicher Araber, mit dem sie wegen des Geleits verhandelte. Medjuel hingegen war vom ersten Augenblick durch seine schöne und seltsame Kundin verwirrt. Die Araber, die in den Torwegen herumlungerten und zusahen, wie ihr schweres Gepäck verladen wurde, zuckten die Achseln. »Inglesi – eine Verrückte« – hieß es. Die bewährte Dulderin Eugénie mußte bei jedem Halt am Wege Silber, Tischtücher und feine Bettwäsche auspacken. Das hatte sie quer durch Europa getan, von Paris bis Griechenland und überall auf dem Balkan. Nun geschah es in der Wüste. Wenn Jane auch bislang nicht gerade mit äußerstem Komfort gereist war, so hatte sie doch noch nicht gelernt, wie die Beduinen zu leben. Das sollte alles noch kommen. So wie sie konnten nur sehr reiche Verrückte reisen, meinten die Araber unter sich und besprachen eingehend den geplanten Überfall.

Die Expedition brach auf, wie es sich gehörte. Medjuel führte ein großes Gefolge mit sich: Vorreiter, Lastkamele, Pferde und natürlich auch Kamelstuten, die als eine Art wandernde Molkerei für die hochgezüchteten Araberpferde benutzt wurden, denen in der öden Wüste die frische Weide fehlte. Aus dem langsam dahinschwankenden Zug der Kamele lösten sich Jane und der ihr nun ganz verfallene Medjuel und galoppierten in die lohfarbene Ferne hinaus, um Ruinen zu besichtigen, ein einsames Lager oder eine Oase, die weitab von ihrem Weg lag. Jane war mit ihren über vierzig Jahren noch eine genauso unermüdliche Reiterin wie mit zwanzig, als sie Balzac in Erstaunen versetzt hatte. Vielleicht begann sie gerade zu verstehen, daß für eine Frau das Reisen in seiner wirklichen Bedeutung erst möglich wird, wenn die Liebe erlischt. Man kann nicht zwei Herren dienen. Die meisten Frauen stellen fest, daß ihre Eindrücke von fremden Ländern durch die Persönlichkeit ihrer Gefährten wie durch einen Filter verändert wurden. Ein gefühlsbetontes Leben fordert viel Zeit und Kraftaufwand von einem Menschen. Da bleibt nicht viel übrig für Landschaften. Jane und Medjuel jagten Antilopen und Wölfe und schossen Rebhühner, und Jane malte ein wenig – wie es sich für eine Reisende der viktorianischen Ära ziemte. Romantische Ruinen und diese »armen, lieben Kamele« wie sie sie oft nannte. Sie »bereiste« den Orient und seine Sehenswürdigkeiten immer noch wie eine Nichtdazugehörige, sie sah ihn immer noch in der unverbindlich liebenswürdigen Perspektive der Alben, die damals in allen Salons im Schwange waren.

Für Medjuel aber war es vermutlich eine Liebe auf den ersten Blick – eine Liebe, in die sich Verwirrung und das Gefühl eines kühnen Wagnisses mischte. Für ihn als Moslem, als Scheich noch dazu, war es eigentlich undenkbar, eine Christin zu heiraten, aber er hatte schon sehr bald das Gefühl, daß er sich zu einem solchen entschiedenen Schritt entschließen müßte, wenn er sie für sich behalten wollte. Inzwischen hatte er von Sâlih gehört. Es würden andere kommen. Er wünschte nicht, irgendeiner in einer Kette von Arabern zu sein, an denen Jane ihre neuen Liebeserfahrungen erprobte. Sie war, wie er wußte, eine Dame von hoher Herkunft, aber er hatte keine Scheu, um ihre Hand anzuhalten. Er war ein arabischer Edelmann, sein Blut war nicht minder blau als ihres. Wenn er überhaupt Überlegungen anstellte, so die, ob nicht vielleicht er selber eine Mesalliance riskiere.

Aber zunächst äußerte er sich nicht, und die Expedition nahm ihren Fortgang. Abends saßen sie alle um das Lagerfeuer, die Flammen erhellten die dunklen Gesichter, und sie lachten und unterhielten sich miteinander in den kehligen arabischen Lauten, denen Jane noch nicht zu folgen vermochte. (Sie sprach mit Medjuel eine Mischung aus Französisch und Türkisch, was er beides leidlich gut konnte.) Wenn Jane so unter den Beduinen saß und das am Spieß gebratene, mit Joghurt und Honig begossene Lamm aß, so erschien ihr das Ganze wie eine Reihe exotischer Picknicks. Außerhalb des Lichtkreises bellten und stöhnten die Kamele in ihrer melancholischen Weise, die Pferde wieherten im Dunkeln, oder ein Schakal heulte in der Ferne. Jane träumte in ihrem schwarzen Zelt immer noch von Sâlih. Aber Medjuel träumte von Jane.

Wieder einmal gab es – wie im Duell zwischen Venningen und Theotoky – eine höchst dramatische Episode, die hart ans Komische grenzte. Dieses Mal war das Duell mehr eine Stammesangelegenheit als eine persönliche, aber immerhin ging es dabei auch um Jane. Die Karawane war etwa sechs Tagesreisen von Damaskus entfernt, als plötzlich eine Schar wilder Reiter sie umringte, die ihre Speere gegen sie schwangen und ihr Geld oder ihr Leben forderten. Damaskus war damals erfüllt von Greuelgeschichten über das Schicksal von Reisenden in der Wüste. Einige kehrten nie zurück – es war die Rede von gebleichten Knochen, Aaskrähen, Lösegeldern, gefolterten Geiseln, Tod durch Verdursten usw. ... Zwei Engländer waren vor kurzem mit letzter Kraft nach Damaskus zurückgekrochen – von allem entblößt, bis auf ein Exemplar der Times. Jane wandte sich voller Vertrauen zu Medjuel.

Nun ist es immerhin möglich, daß es sich hier um einen der üblichen vorbereiteten Überfälle handelte, daß er wirklich von einigen aus Medjuels eigenem Stamme ausgeführt wurde, daß Medjuel den Plan selbst kannte und den Dingen ihren Lauf ließ, um vor Jane als ihr Erretter, als Ritter ohne Furcht und Tadel zu erscheinen.

Ebensogut kann es sein, daß er nichts davon wußte und selbst gänzlich überrascht war, aber – da er inzwischen nicht mehr ganz unbeteiligt an Jane war – beschloß, die Frau seiner Liebe zu verteidigen. Jedenfalls verhielt er sich, wie seine Stammesgenossen fanden, gegen seine Auftraggeberin geradezu befremdend korrekt. Er sammelte seine Leute um sich, stürzte sich mit geschwungener Lanze ins Kampfgetümmel und schlug die völlig verdutzten Angreifer in die Flucht. Die ganze Sache war in wenigen Augenblicken eines wilden Kampfes erledigt. Jane, die immer ein heftiges Bedürfnis nach Dramatik hatte, fand den Zwischenfall höchst ermunternd. Medjuel hatte sich tapfer wie ein Löwe geschlagen, er war ein Held – ihr Retter! Es gab einige zärtliche Auseinandersetzungen, die Medjuel Hoffnungen machten. Später behauptete man in Damaskus, er habe ihr damals an Ort und Stelle einen Heiratsantrag gemacht, und aus Dankbarkeit habe sie ihn angenommen. Das scheint jedoch nicht der Wahrheit zu entsprechen, denn als sie ein wenig später nach Athen zurückkehrte, um ihre Angelegenheiten vor der endgültigen Übersiedlung nach Syrien zu ordnen, wollte sie immer noch Sâlih heiraten. Aber es besteht wohl kein Zweifel daran, daß jener Zwischenfall Medjuel ungeheuer in ihrer Achtung steigen ließ.

Nachdem sie heil wieder in Damaskus angelangt war, riß sie sich nur mit Widerstreben von der Wüste und von Sâlih los. Aber es war unumgänglich nötig, die Dinge in Athen zu regeln. Im Jahre 1853 kam sie nach Athen und blieb gerade lange genug, um Hadji-Petros bei seinen neuen Annäherungsversuchen die kalte Schulter zu zeigen und ihre Freunde durch ihr jüngstes Abenteuer ein wenig in Aufregung zu versetzen. Die Reaktion darauf in den verkrampften Salons von Athen muß ihren Entschluß besiegelt haben. Nichts mehr von Salons – nichts mehr von Europa!

Noch vor Jahresschluß kehrte sie nach Syrien zurück. Aber der beduinische Geliebte hatte nicht auf sie gewartet. Jane fand eine Rivalin vor. Nicht allein den Harem, den er ihrem Kontrakt nach entlassen mußte, sondern eine junge Person, Sabla mit Namen – sehr jung und sehr unverfroren. Und Jane wich Sablas unbesiegbarer Jugend.

Wieder einmal gab es Tränen und Reue und eine wilde Sehnsucht nach der Vergangenheit und dem Glanz ihrer eigenen Jugend. Es schien offenbar, daß für sie nur noch das Reisen und die Archäologie blieben. Sie hätte es wissen sollen. In düsterster, bedrückter Stimmung brach sie nach Bagdad auf – in der Hoffnung auf die heilende Kraft des Reisens. Aber dieses Mal glaubte sie selbst nicht daran. Sie sah den furchtbaren Abgrund bitterer Reue und eines einsamen Alters vor sich. Dennoch gab es kein Zurück mehr. England und Bayern waren ihr verschlossen. Paris? – Nein sie hatte genug von den großen Städten. Nach Griechenland zurückzukehren war undenkbar. Sie hatte die Schiffe hinter sich verbrannt.

Allein der Osten, der sie verlockt und gestraft hatte, konnte ihr noch Trost bringen. Sie liebte das Land und das Leben dort. Sie begann, Arabisch zu lernen, und beschloß, sich in ein kleines verborgenes Haus im Araberviertel von Damaskus zurückzuziehen. Auf Eugénie konnte sie noch immer zählen. Sie würden gemeinsam alt werden – zusammen mit den Katzen und Hunden, die sie so liebte. Nun würde sie endlich mehr Zeit für sie haben. Es gibt Naturen, die immer Liebe, ja, die Gegenwart des Geliebten brauchen, um eine Landschaft, um eine Symphonie, ja, sogar um ihre tägliche Nahrung zu genießen. Die Liebe scheint für sie zum physischen Wohlbefinden zu gehören. Das Alter ändert solche Naturen nicht. Ihre ewige Sehnsucht stirbt erst mit ihnen. Jane war eine solche Natur, und nur der verdüsterte Zustand ihres Wesens erklärt ihren Versuch, aus Staub und Asche das Beste zu machen.

Sie begann das Land zu durchforschen. Edward Lear erwähnt um etwa diese Zeit eine Begegnung mit Jane, als er von einer Malerreise aus Petra zurückkehrte. »Lady Ellenborough in einem karmesinroten Seidenmantel und grünem Satinreitanzug – im Begriff, die Merkwürdigkeiten Jerusalems um eine weitere zu vermehren«, schrieb er mit schmerzlichem Unterton. Man möchte mehr wissen. Trafen sie sich in irgendeinem verwahrlosten Gasthaus am Wege? Tauschten sie einige Platitüden, Insektenmittel und Skizzen aus, wie es so unter Reisenden üblich war? Es ist kaum wahrscheinlich, daß sie viel zusammen waren. Sie dürften nicht sehr viele gemeinsame Interessen gehabt haben – dieser scheue, neurotische und verschrobene Mann, der immer Barrieren von Krankheit und Unfug und allen möglichen Hindernissen zwischen sich und der Wirklichkeit errichtete, und Lady Ellenborough, diese völlig Ungehemmte und Gesunde, die ihr Leben aus der Fülle und ohne Schranken lebte.

Zu jener Zeit erschien Syrien den meisten Europäern viel weiter entfernt und ungeordneter als Indien. Jahrhundertelang hatte es unter türkischer Herrschaft gestanden. Die »Hohe Pforte« überließ die Verwaltung der einzelnen Provinzen den örtlichen Scheichs, aber oft nur, um sie gegeneinander aufzuhetzen. Jedes Jahr während der Pilgerfahrten nach Mekka geriet das ganze Land in Aufruhr: Es gab verschiedene Pilgerstraßen – je nachdem, woher die Pilger kamen – ob aus Nordafrika, Arabien oder Kairo. Die Hedschi- oder Pilgerkarawanen aus dem Westen sammelten sich im allgemeinen in Damaskus, wo sie noch um die aus Konstantinopel kommenden anschwollen. Neben diesem seit undenklichen Zeiten vertrauten Bild sah man jetzt die Landvermesser an der geplanten Euphrattalbahn arbeiten, die den Weg nach Indien abkürzen sollte, aber dann im Jahre 1812 endgültig aufgegeben wurde. Griechische Schiffe liefen zweimal im Monat die Häfen an und brachten Post. Kuriere auf Dromedaren sorgten für die Verbindung quer durch die Wüste. Die Straße von Damaskus nach Hit war als »Weg des Todes« bekannt; es wimmelte von Räubern, und die Brunnen lagen etwa 250 Meilen voneinander entfernt. Schon im Jahre 1160 hatten die Fatimiden, die damaligen Kalifen in Kairo, einen besonderen Brieftaubendienst eingerichtet, der jahrhundertelang in Gebrauch blieb. Die Vögel flogen in Stafetten: Kairo, Basra, Beirut, Konstantinopel. Auf der sogenannten Kleinen Wüsten-Strecke schwenkten sie von

Damaskus ab und nach Palmyra und Mesched Rahba. Alle fünfzig Meilen standen Taubentürme.

Aus diesen wilden, felsgesäumten und unfruchtbaren Öden ragten die Ruinen von Zonabias Reich und das geäderte rötliche Felsenantlitz Petras, »der rosenroten Stadt, halb so alt wie die Zeit selbst«. Gegen Westen blühte Damaskus inmitten seiner Gärten.

Damaskus, »Schaum Scheref«, die Heilige, die Gesegnete, wie es genannt wurde. Es heißt, Mohammed habe auf Damaskus herniedergeschaut und es das Paradies genannt. Dabei neigte er im allgemeinen nicht zu solchen Scherzen, sondern war der Ansicht, daß es nur ein Paradies zu geben habe: eben das Paradies Allahs. »Aus dem Schatten ragten schlanke Minarette in den glühenden Himmel und entflammten sich an der Sonne.« Es war ein Land, wo Milch und Honig floßen, aber es war nicht kraftlos. Im Winter gab es starke Schneefälle, Wölfe heulten in den nahegelegenen Hügeln, und die Nomaden zogen auf ihrer jährlichen Wanderung südwärts, immer auf der Suche nach Weideland für ihre Schafe und Kamele. Die Stärke der wandernden Stämme zählte man nach der Größe ihrer Herden oder, bei kriegerischen Stämmen, nach der Anzahl der Speere, die sie aufbrachten.

Syrien war als Landschaft vom gleichen wilden und malerischen Reiz wie seine Geschichte, aus der immer noch die Namen von Rustem mit seinen Elefanten und des Großen Tamerlan widerhallten. Noch in lebendiger Erinnerung war der Name Mohammed

Alis, der die Mameluken niederschlug und Syrien für sich beanspruchte. Aber alle seine Pläne und Belagerungen blieben ergebnislos, und Reisende, die nach Damaskus zurückkehrten, wollten den alten Tyrannen in einem Hotel in Neapel gesehen haben, wo er kümmerlich seine Tage verbrachte und mit einem jungen amerikanischen Touristen Whist spielte. Zuletzt hörte man in London von ihm. Syrien atmete erleichtert auf. Man konnte es allerdings auch nicht als besonders friedlich oder empfehlenswert für Touristen bezeichnen, und in den vierziger und fünfziger Jahren des vorigen Jahrhunderts kamen auch nur wenige Reisende hier durch. Die Bücher, die dann in den sechziger und siebziger Jahren den Markt überschwemmten, wie »Sommerliche Wanderung durch Syrien«, »Die Wiege der Menschheit«, »Meine Freunde, die Beduinen« oder »Tage in Damaskus« standen noch aus – wie überhaupt das Land noch zu großen Teilen unerforscht war.

Jane Digby war nach Lady Stanhope die erste Frau, die es wagte, hier allein zu reisen. Als sie im Frühling 1854 nach Bagdad aufbrach, grübelte sie immer noch über Sâlih nach, schreckte sie immer noch vor dem Gespenst des Alters zurück. Aber dann gab es ein belebendes kleines Zwischenspiel mit einem anderen Araber, dem Scheich el Barrak, der sie in ihrem Kummer und in der Mitte der Vierzig offenbar noch ebenso verführerisch fand wie ihre früheren Liebhaber auf dem Höhepunkt ihrer Reize. Vielleicht hatte der karmesinrote Mantel etwas damit zu tun. Für das Auge eines Arabers mußte er sich zwischen den Felsenschluchten wie das Gewand einer Königin ausnehmen. Der Scheich war beharrlich – die Dame war einsam. Wir haben keinen Bericht darüber, was Eugénie darüber dachte, wenn sie zusammengekauert am Lagerfeuer saß und ohne Zweifel den im Vergleich mit diesen Arabern zivilisierten und zurückhaltenden Palikaren nachtrauerte.

El Barrak und Jane verlebten miteinander ein paar lustvolle Tage und Nächte in der Wüste, die Jane von ihrer melancholischen Stimmung auf das angenehmste abgelenkt haben müssen. Aber die ganze Affäre erwies sich als ebenso bedeutungslos wie der Mann. Sie stritten sich: zunächst über seine Unfreundlichkeit gegen die »armen, lieben Kamele«, dann wegen seines geringen Verständnisses für ihre Malerei. Zum endgültigen Bruch kam es, als el Barrak sich einfach ihres Zeltes bemächtigte und verschiedene Fremde dorthin einlud. Es gab eine heftige Szene. Jane war böse auf sich selbst, daß sie einen solchen Mann zum Geliebten genommen hatte. El Barrak war wütend, weil er sah, daß die Dame – vielleicht auch ihr Geld – ihm entglitt.

Als sie in Aleppo ankamen, waren die Beziehungen zwischen ihnen bereits sehr gespannt, aber sie setzten die Reise gemeinsam fort. Man kann nicht gut eine Karawane unterwegs auflösen. Jane fühlte diesmal kein Bedauern. Sie hatte nicht geliebt, und es gab daher keine Enttäuschung. Das Ganze war ein großer

Irrtum, und es schien ihr bei weitem besser ohne Liebe und einsam, aber mit Würde zu leben. Aber immer noch wanderten ihre Gedanken gequält zu Sâlih zurück, und manchmal dachte sie auch mit Zuneigung an Medjuel, der ein so ganz anderer Mann war als el Barrak, so sympathisch – ein solcher Gentleman! Jane war inzwischen den meisten Arabern vom Hörensagen wohlbekannt, und ihr letztes Abenteuer wurde in den Lagern und Bazaren gründlich erörtert.

Die Nachricht von ihrer Rückkehr erreichte also auch Medjuel mitten in der Wüste sehr rasch. Als er hörte, daß sie in Begleitung von Scheich el Barrak auf Damaskus zuritt, handelte er schnell. Ganz plötzlich tauchte er am Horizont auf, ritt ihr entgegen und überbrachte ihr eine schöne Araberstute als Geschenk. Diese Begegnung entschied alles. Scheich el Barrak verschwand – aus Takt oder auch aus Vorsicht. Zusammen kehrten Jane und Medjuel in die Stadt zurück. An den folgenden Tagen entdeckte Jane in Medjuel alle die Eigenschaften, Tugenden und Reize, die sie bisher immer in anderen Männern zu sehen geglaubt hatte. Dieses Mal wurde sie nicht enttäuscht. Medjuel hatte Charakter, Verstand und eine gute Erziehung. Medjuel war ein Mann von Ehre, von natürlicher Güte und – wie sie später entdeckte – von romantischer Leidenschaftlichkeit. Er war zudem ein Mann von raschem und festem Entschluß. Während ihrer Abwesenheit hatte er die Scheidung von seiner Frau erwirkt, die ihm Söhne geboren hatte und nach arabischen Begriffen eine alte Frau war. Niemand schien es für grausam zu halten, daß sie zu ihren Verwandten zurückgeschickt wurde. Sie erhielt ihre Mitgift, die sie einst in die Ehe gebracht hatte, zurück und wurde durchaus in Ehren und mit einer stattlichen Rente versehen entlassen.

Nun konnte Medjuel Jane nach europäischer Sitte heiraten. Er machte ihr einen Antrag, als sie wieder nach Palmyra ritten, und Jane vermerkt – immer noch voll mädchenhafter Erregung und voller Entzücken – ihren ersten Kuß im Tagebuch. Sie nahm ohne Rückhalt an. Plötzlich gab es keine Einsamkeit und keine Enttäuschungen mehr. Sie hatte den vollkommenen Mann und das vollkommene Leben endlich gefunden! Sie war wie neugeboren! »Wenn ich keinen Spiegel und kein Gedächtnis hätte, würde ich meinen, ich sei fünfzehn Jahre alt«, trug sie in ihr Tagebuch ein. Mit oder ohne Spiegel – in allen zeitgenössischen Berichten wird bestätigt, daß sie auch nicht annähernd so alt aussah, wie sie wirklich war. »Selbst mit achtundsechzig hielt man sie für vierzig. Diese Engländerinnen kennen einen Teufelstrick, um jung zu bleiben«, äußerte eine französische Reisende mit spürbarem Groll. Es gab ein stürmisches Gespräch mit dem englischen Konsul, der außer sich geriet bei dem Gedanken an diese Heirat, sie ernstlich fragte, ob sie den Verstand verloren habe, und jedenfalls versuchte, die Sache zu hintertreiben oder doch zu verzögern, bis er sich mit den Behörden in England beraten hatte. Aber

Jane war unerschütterlich. Die offiziellen Schranken wurden einfach umgerissen, und die Hochzeit fand in Homs statt, wo Medjuel ein Haus besaß. Freilich zog er es vor, in seinen Zelten in der Wüste zu leben. Sie war von da an als Jane Digby el Mesrab bekannt. Die Araber nannten sie »Sitt« – ihre Herrin, oder blumenreicher »Die Mutter der Milch« – wegen ihrer zarten Haut. Sie war überglücklich unter ihnen. Sie hatte das Gefühl, nach Hause gekommen zu sein. Und das war sie ja wirklich.

In der ersten Zeit lebten Medjuel und Jane zeitweise in Homs und zeitweise in den Wüstenzelten – den schwarzen Wollzelten von Kedar, die sich über die Jahrhunderte gleichgeblieben sind. Später baute Jane ein schönes Haus am Stadtrand von Damaskus, wo sie dann die Hälfte des Jahres auf europäische Weise lebten, während sie in der übrigen Zeit das Leben der Beduinen teilten. Jeder paßte sich der Lebensweise des anderen an. Medjuel freilich fand wie alle Beduinen Städte und Häuser beengend und unternahm häufig Ausritte in die Wüste. Das tat seiner Natur wohl, und außerdem riefen ihn auch seine Pflichten, die Schafe und Pferde. Jane nahm sehr schnell arabische Gewohnheiten an. Sie rauchte die Nargileh, ging gern barfuß, trug den blauen, alles verhüllenden Schleier und sogar den Gesichtsschleier, den Jaschmak. Sie lernte es, sich die Augenlider mit Ruß zu schwärzen – ein entscheidender Teil vom Make-up einer arabischen Frau – und stürzte sich überhaupt in alle Sitten und

Gepflogenheiten des Stammeslebens. Innerlich – und bald auch äußerlich – war sie eine von ihnen.

Daß sie eine glänzende Reiterin war und so viel von Pferden verstand, alle Methoden, mit ihnen umzugehen, sie pflegen und kurieren konnte – ein Erbe aus den Ställen von Holkham –, gab ihr bei den Arabern hohes Ansehen. Sie gingen mit Falken und persischen Windspielen auf die Jagd, und sehr bald meisterte Jane auch das Reiten auf Dromedaren. Man konnte sie dann oft an der Spitze einer Beduinenschar hinaussprengen sehen. Das Dromedar ist kein bequemes Reittier. Es ist zwar sehr schnell, aber es stößt und schaukelt höchst ungemütlich. Für eine Amazone wie Jane aber war es kein Problem. »Liebe, nützliche Tiere« nannte sie sie. Schaf-, Pferde- und Getreidezucht – dieses ganze ländliche Dasein weckte viele Erinnerungen an Holkham. Im Grunde ihres Herzens war Jane niemals für die Stadt und für den Salon geschaffen. Sie hatte das primitive Leben in Dukades und in den albanischen Bergen geliebt. Dieses hier war noch tausendmal besser. Sie war tief zufrieden. Nur wenn Medjuel für zwei Monate ausritt, um Schafe zum Verkauf einzutreiben und so dem Stamm wieder zu Geld zu verhelfen, war sie von widerstrebenden Gefühlen – von Stolz, Erstaunen und Trauer – hin und her gerissen. Sie erkannte seine Unabhängigkeit von ihrem Vermögen. Niemals wäre es ihm in den Sinn gekommen, davon auch nur das Geringste zu beanspruchen, wie Schwarzenberg, Theotoky, Hadji-Petros und viele andere es getan hatten. Vielleicht aber hat sie gerade in solchen einsamen Zeiten, die sich zwischen die erregenderen Phasen ihres Daseins schoben, das Wüstenklima Arabiens erst ganz erfaßt und genossen: die Stille, die unvergeßliche Atmosphäre des »Nichts«, des bloßen Da-Seins, das zum Wohlsein wird. Vielleicht begann sie auch die arabische Anschauung des Lebens zu teilen. Man sagt, das Anliegen der Araber an das Leben sei: zu sein – frei, tapfer, weise – oder auch einfach »zu sein« – im Gegensatz zu dem so vieler anderer, deren Ziel das Haben ist – gleichviel, worum es geht – ob um Reichtum, Wissen oder einen Namen. Vielleicht vernahm sie auch am äußersten Rande der Wüste den schwirrenden Flügelschlag des unternehmungshungrigen 19. Jahrhunderts. Er kündigte ein neues Dasein an, in dem es genügen sollte, etwas zu tun. Bewegung und Handlung um ihrer selbst willen – eine Art Verrücktheit. Wie reich war das Leben eines Beduinenhirten im Vergleich zu dem eines betriebsamen Städters! Vielleicht erinnerte sie sich nicht ohne Ironie, daß der anspruchsvolle Lord Ellenborough – ihr Gemahl vor so vielen Leben und Lieben – auch in den Osten geraten war, aber in einen anderen Osten als den ihren. Er war Generalgouverneur von Indien geworden. Wenn sie als seine Frau in den Orient gelangt wäre – wie erdrückend, wie enttäuschend hätte sie dann jene mit Gold überladenen Pavillons gefunden, in denen sein Leben sich abspielte. Die schwarzen Beduinenzelte ihrer Mesrabi waren ihr tausendmal lieber.

Sie sprach inzwischen fließend Arabisch, wenn auch ein Linguist wie Richard Burton, der sie später kennenlernte, meinte, sie hätte einen ganz besonderen Akzent, eine Art ländlichen Unterton, den sie von ihrem Stamme übernommen hatte und dessentwegen sie etwas empfindlich war. Medjuel hingegen sprach, wenn man Abd el Kadir folgen darf, das klassischste Arabisch in ganz Syrien.

Ihr Leben wurde von nun an durch Stammes- und Familienangelegenheiten bestimmt. Sie hatte acht Schwäger, und dazu kamen noch deren Frauen und Kinder und zwei Stiefsöhne, Schetebb und Japhet, mit ihren Frauen. Sie stand sich ausgezeichnet mit allen. Nach und nach wandten sie sich mit landwirtschaftlichen, ärztlichen, Erziehungs- und ähnlichen Fragen um Rat an die Umn-el-Laban. Medjuels älterer Bruder, der Scheich, war kinderlos. Medjuel war eigentlich das Haupt der Mesrabi – schon wegen seiner sprachlichen Fähigkeiten, und dann, weil er zwei Söhne hatte, die als Erben des regierenden Scheichs galten.

Es wäre falsch, sich vorzustellen, daß Medjuel und Jane immer in einer reinen Oktoberidylle lebten: »So voller Frieden sind wir, wenn die Leidenschaften schweigen.« Es gab für sie noch viele Jahre voll heftiger Gefühle, mit den üblichen Streitereien zwischen Liebenden, mit Versöhnungen und Eifersüchten, Mißverständnissen und Trennungen. Bei ihrer Heirat hatten sie auf Janes Betreiben einen sehr merkwürdigen Pakt geschlossen. Wenn Medjuel sich jemals durch die

Monogamie beengt fühlen sollte, so stand es ihm frei, eine zweite Frau zu nehmen – aber sie mußte weit entfernt bleiben, und Jane durfte es nicht wissen. Jane hatte dies im ersten glühenden Rausch ihrer heißen Liebe doch für vernünftig gehalten, obgleich sie wie immer überzeugt war, daß ihre Liebe nimmer enden würde. Und sicher war es auch vernünftig – aber was hätte Liebe je mit Vernunft zu tun gehabt? Zu Zeiten quälten Medjuels gelegentliche Abwesenheit und der Bazarklatsch Jane bitterlich. Es gab Szenen. Auch Medjuel war, was sie betraf, keineswegs immer ganz ruhig. Sie hatte nach wie vor eine geradezu fatale Anziehungskraft für Männer, obgleich es sich vermutlich nun, da sie so tief und so lange liebte, höchstens um einen raschen Seitenblick hie und da gehandelt haben kann. Dennoch gibt es Begebnisse, die dunkel und von Leidenschaft umwölkt scheinen, und auch der Scheich Fares el Meziad bleibt von Geheimnis und von düsteren Andeutungen umgeben. Aber Medjuel hatte ein ausgeprägtes Besitzergefühl, wie alle Männer seiner Rasse. Es ist unvorstellbar, daß er bei seiner Frau irgendwelche Freiheiten geduldet hätte.

Langweilig war es gewiß niemals. Außer den persönlichen Dramen kam es zu Stammesfehden und Überfällen. Ein feindlicher Stamm fiel ein und trieb das beste Vieh weg, ja einmal sogar Janes Lieblingsstute. Die Regierung unternahm nichts. Jane kochte vor Zorn und Empörung. An der Spitze ihrer Scharen galoppierten Medjuel und sie in den Kampf. Der

Wüstenkrieg dauerte drei Wochen: Holo Pascha griff ihr Lager in tiefer Nacht mit neunzig seiner Leute an. Aber Medjuel und Jane sammelten ihre Männer immer wieder um sich, und er wurde schließlich in die Flucht geschlagen. Sie gewann womöglich noch mehr an Achtung bei den Arabern durch ihr kühnes Verhalten. Sie lebte nach ihrem eigenen Gesetz: Araber wie Europäer kamen zu der Überzeugung, daß Jane alle gewohnten Vorstellungen aufhob, daß sie sich in keinen Rahmen einfügen ließ: Frau – Amazone – Ehefrau – Gattin oder Geliebte … sie war Jane Digby el Mesrab, eine einzigartige Erscheinung im Westen wie im Osten. Manchmal erwies sich ihr Geld als ganz nützlich, um neuartige Waffen zur Verteidigung ihrer Stammesleute zu kaufen. (Zum größten Teil waren die Beduinen mit Speeren oder mit komischen alten Pistolen ausgerüstet.) In solchen Fällen nahm Medjuel gelegentlich ihren Beitrag an, und ihr Ansehen stieg dadurch noch mehr. Eine kriegerische Eintragung in ihrem Tagebuch lautet: »Man hörte am Morgen Kanonen- und Gewehrschüsse, und etwa zwei Dutzend arabischer Reiter fegten in die Stadt hinein mit der leider wahren Neuigkeit, daß Hassaim Bey zusammen mit Ebn Merschid unser Lager angegriffen hatte. Nachdem er eine Salve auf unsere Zelte abgegeben hatte, führte er alle unsere Kamele fort – aber glücklicherweise wurde keiner unserer Männer getötet.« Darauf schnallte man die Rüstung wieder um, lud die Flinten und übte Vergeltung. Nein – langweilig war es nie.

Einige dieser Geplänkel hielten wochenlang und mit großer Heftigkeit an. Andere geschahen mehr der Form halber – etwa in der Art mittelalterlicher Turniere –, also mit mehr traditionellem Zeremoniell als Blutvergießen. Einige der syrischen Stämme, vor allem die Roala und die Ibn Haddal, hatten die uralte Sitte der »Uttfa« beibehalten: ein Kamel mit einer riesigen Sitzvorrichtung, das sich auf dem Höhepunkt des Kampfes mitten im dichtesten Getümmel befinden mußte. Diese Sitzvorrichtung, eine geräumige Bambuskonstruktion – eine Art Pavillon – , war üppig mit Straußenfedern ausgeschmückt. Darin saß ein Mädchen, dessen Aufgabe es war, mit den langsamen nasalen arabischen Liedern, die in raschem und kaum merklichem Wechsel Liebe und Wut auszudrücken vermögen, den Kampfgeist der Roala aufzustacheln und sie zum Angriff anzufeuern. Ihre siegreiche Verteidigung oder Gefangennahme entschied den Kampf. Ihre Lage inmitten sausender Speere und wild kämpfender Männer kann nicht gerade beneidenswert gewesen sein. Dieses Schauspiel gehörte zweifellos zu den vielen historischen und inzwischen ganz verschwundenen Sitten der Araber, die Jane Digby el Mesrab noch unmittelbar erlebt hat.

Sie spricht auch oft von »Djerid« oder der Fantasia – einer wilden Attacke, die von den Beduinen geritten wurde, eine traditionelle Form des Angriffs, die bei den Arabern von Marokko bis zur arabischen Halbinsel üblich war. Sie berichtet jedoch keine Einzelheiten. Für sie scheint sie eine Selbstverständlichkeit gewesen zu sein. Aber ihre Landsmännin Isabel Burton, die zum ersten Male in Syrien und ebenso begeistert vom Orient war wie sie, beschreibt es genau: »Die Männer ritten ›Djerid‹, das heißt, sie jagten wild daher, schossen vom Sattel aus in vollem Galopp, schrien gellend, hingen aus ihren Steigbügeln und hielten die Zügel im Mund, spielten mit ihren befiederten Speeren und schwenkten sie, warfen sie in die Luft und fingen sie in vollem Galopp wieder auf, hoben Gegenstände vom Boden auf, schossen mit Pistolen, ließen sich unter den Bauch der Pferde fallen und schossen von dort aus im rasenden Galopp, immerzu ihren gellenden Kriegsschrei ausstoßend … Die Wildheit dieses Schauspiels ist höchst erfrischend«, fügte sie hinzu. »Aber man muß selbst ein guter Reiter sein, denn die Pferde gehen einem einfach durch.«

Im Jahre 1857 beschloß Jane, nach England zu fahren. Sie wollte ihre Familie wiedersehen, ihre Rechtsanwälte und die Treuhänder ihres Vermögens aufsuchen und ihr Testament zugunsten Medjuels festlegen. Aber dieser Besuch mußte in aller Heimlichkeit erfolgen, denn schon ihr Name schien nach Sünde zu klingen, und wo immer auch nur andeutungsweise von ihr gesprochen wurde, geschah es mit Wendungen wie »die große Hure«. Es war immer noch sehr schmerzlich für ihre Verwandten, wenn sie einen Hinweis auf »unerwünschte Personen« lasen, »wie etwa die berüchtigte, mannstolle Jane Digby el Mesrab. Diese Dame war erstens die Frau von Lord Ellenborough, der sich von ihr scheiden ließ, zweitens von Fürst Schwarzenberg und später noch von etwa sechs oder sieben anderen Herren. Schließlich, nachdem sie den Vorrat an europäischen Männern aufgebraucht hatte, machte sie sich nach Syrien auf, wo sie einen kleinen, schmutzigen, schwarzen Beduinen-Scheich heiratete.« Und bis auf die Attribute »schmutzig, klein, schwarz«, welche die Digbys nicht zu widerlegen vermochten, ließ sich ja wirklich nichts zu solchen Anwürfen sagen.

Jane war seit dem Schwarzenberg-Skandal nicht mehr in England gewesen. Damals schrieb man 1830. Sie hatte die heitere und großherzige Gesellschaft des »Regency« zurückgelassen. Die aber war inzwischen in dem unaufhaltsam wuchernden Rankenwerk viktorianischer Prüderie erstickt. All ihre Zeitgenossinnen waren üppige und etwas welke Matronen geworden. Hammelbraten und Mahagony regierten. Die Häuslichkeit war der Altar, vor dem alles kniete. Es gab ausgedehnte Verlöbnisse, es gab Sentiments, aber keine Leidenschaften. Das Wort Scheidung fiel nie. Witwen, die sich wieder verheirateten, wurden bei Hofe nicht empfangen. Missionare standen hoch im Kurs. Alle, die nicht der europäischen Rasse angehörten, wies man weit von sich – sie waren »schwarz« oder »gelb«, arme Heiden, die man bekehrte oder in Schutz nahm, aber unter gar keinen Umständen heiratete. Schon der Gedanke daran war unschicklich, besonders aber, wenn man aussah wie Jane und noch dazu ohne jeden

Ausdruck der Reue und mit dem Glanz von Jugend und Romantik in den Familienkreis zurückkehrte. Mit Fünfzig sah sie aus, als wäre sie etwas über Dreißig. Sie hatte sich ihre Figur bewahrt, ihr Haar hatte immer noch den kastanienbraunen Schimmer, den Balzac bewundert hatte, und die wenigen Silbersträhnen darin standen ihr gut zu Gesicht. Man notierte mit Mißfallen, daß sie die fürchterliche östliche Unsitte angenommen hatte, sich die Augenbrauen zu schwärzen! »Gemalt!« All ihr Charme, ihre Eleganz, ihre liebenswürdige Heiterkeit galten nichts. Die allgemeine Mißbilligung durfte eine glückliche Sünderin nicht anerkennen. Wenn sie wenigstens völlig verfallen, in Tränen aufgelöst zurückgekehrt wäre! Wie ermunternd, wie dankenswert wäre das gewesen … Man hätte ihr zeigen können, wie barmherzig man gegen eine gefallene Frau war! Statt dessen rühmte sie sich auch noch ihrer arabischen Heirat! Der Besuch war kaum als Erfolg zu bezeichnen. Einige ihrer Verwandten bezeigten ihr zwar einen Anschein von Wärme, aber Janes Temperament und unvergängliche Jugend waren doch eine ärgerliche Schranke für alle – außer Kenelm, der liebevoll wie immer war. Sogar Steely, ihre alte und treue Gouvernante, ließ sich durch keine noch so genaue Schilderung syrischer Glückseligkeit gewinnen. Jane hatte einen Schwarzen geheiratet. Steely hielt es nicht für der Mühe wert, darüber zu sprechen. Medjuel durfte in der Familie nicht erwähnt werden, und das verletzte Janes Stolz.

Der feuchte und kalte englische Frühling bedrückte sie. Es kamen keine Briefe von ihrem geliebten Medjuel. Sie grämte sich. Sie gehörte jetzt ebensowenig nach England wie in ihrer Jugend. Sehr bald nach ihrem fünfzigsten Geburtstag – »diesem tristen und melancholischen Jahrestag«, wie sie schrieb – erschien es ihr doch besser, eilig nach Syrien in die Sonne, zu Medjuel zurückzukehren. Sie unterbrach ihre Reise in Paris, um rasch ein Klavier, eine Anzahl eleganter Kleider und allerlei Geschenke für Medjuel zu kaufen – darunter einen ganzen Geflügelhof! Sie hatte es eilig – Marseille, das Mittelmeer! Sie tobte, als das Schiff sich in den kleineren Häfen länger aufhielt. Endlich kam die niedrige, aprikosenfarbene Küste Syriens in Sicht: Beirut und der Libanon. Endlich! Sie eilte an Land. Gepäck, Klavier, Geflügel und Pariser Toiletten – alles war vergessen. Sie ritt die Nacht hindurch. »Klopfenden Herzens kam ich Damaskus an … Und da war er, Medjuel, der Liebe, der Angebetete, und in diesem Augenblick des Glücks vergaß ich alles andere.« Die Reisende hatte endlich heimgefunden.

Medjuel war ein zutiefst religiöser Mensch. Niemals ließ er die Gebete bei Sonnenauf- oder untergang aus, die seine Religion ihm vorschrieb. Jane dagegen war nie besonders fromm gewesen, aber sie wurde auch – mehr aus Dankbarkeit als aus Reue – eine treue Kirchgängerin. Vielleicht hatte der selbstverständliche Mystizismus ihrer mohammedanischen Umgebung

Einfluß auf sie, vielleicht erweckte deren tiefe eingeborene Frömmigkeit auch in ihr schlummernde religiöse Vorstellungen. Jedenfalls widmete sie sich mit verdoppeltem Eifer kirchlichen Angelegenheiten. Später empfing sie auch Missionare in ihrem Hause und unterstützte ihre Schulpläne für die Jugend unter den »Ungläubigen«. Niemals aber war auch nur ein Hauch einer bekehrten Sünderin an Jane. Sie gab sich keine Mühe, ihre Erlösung zu erkaufen. Sie empfand nur ihr Glück an Medjuels Seite, sie dankte Gott in aller Bescheidenheit dafür und versuchte, eben dieses Glück mit anderen zu teilen – z. B. mit den Missionaren. Und diese wiederum versuchten, den »lieben Beduinen«, ihrem eigenen Stamme, zu helfen. Vielleicht – wer weiß es schon genau? – hatten sie doch einen Gewinn von den Bibelkursen und dem Kindergarten. Es wird berichtet, wie sie in Damaskus unbemerkt in eine Sonntagsschule schlüpfte und sich wie die übrigen Araberfrauen auf ihre Fersen hockte. Sie war genauso gekleidet und verschleiert wie sie, und ihr langes kastanienbraunes Haar war zu allem Überfluß schwarz gefärbt – mit Rücksicht auf den arabischen Aberglauben, daß helles Haar Unglück bringt. Es ist nicht erstaunlich, daß die Missionare die ehemalige Lady Ellenborough nicht erkannten! Sie hielt sich, höflich plaudernd, noch ein wenig auf und beglückwünschte sie zu ihrer Arbeit. Und hier tut man einen raschen Blick auf Jane, das mutwillige Geschöpf, das ihre lange Liste von Geliebten einen anstößigen Gotha nannte, jene Jane, deren ironischer Witz Balzac und alle, die sie kannten, entzückte.

Aber selbst mit Sechzig war die Religion keineswegs ihr einziges Interesse. In Damaskus war sie bei den Europäern wie bei den Orientalen zu einer berühmten und beliebten Erscheinung geworden. Die Burtons hatten kürzlich das Konsulat übernommen, und er als Orientalist zog Gewinn und Genuß aus ihrer beachtlichen Kenntnis des arabischen Lebens. Sie kannte die mohammedanischen Sitten, sie kannte die Gewohnheiten der Frauen, ihre Harems, wie nicht einmal Burton sie kennen konnte. Es besteht kein Zweifel, daß er sie bei vielen Fragen zu Rate zog. Mrs. Burton, die bei solchen Gelegenheiten immer ein wenig abseits stand, spricht öfter von diesen Abenden, auf dem Dach ihres Hauses, wenn alle anderen Gäste – die etwa zwanzig Europäer, die in Damaskus wohnten, die Angehörigen des Konsulats und der Regierungsämter und einige durchreisende Besucher – gegangen waren, denn niemand war gern nachts allein da draußen in der einsamen Gebirgsgegend, wo die Burtons wohnten. »Wie sehne ich mich nach der romantischen Zeit, als wir die Polster und Kissen der Divane auf dem Hausdach ausbreiteten und dann das Abendbrot serviert wurde und nur die beiden interessantesten und bemerkenswertesten Menschen aus ganz Damaskus bei uns blieben, die beiden, die keine Furcht kannten: Abd el Kadir und Lady Ellenborough … Sie war eine sehr schöne Frau, obgleich sie zu der Zeit, von der ich hier berichte, bereits 61 Jahre alt war, groß, gebieterisch – eine Königin. Sie war ›grande dame au bout des doigts‹ – eine Dame bis in die Fingerspitzen – als käme sie gerade aus einem Salon in London oder Paris. Sie hatte wunderbare Manieren und eine gepflegte Stimme. Und niemals sagte sie ein Wort, das besser ungesagt geblieben wäre. Mein Mann hielt sie für die klügste Frau, die er je getroffen hatte. Es gab nichts, was sie nicht konnte. Sie sprach neun Sprachen geläufig und konnte in allen lesen und schreiben. Ihre Briefe waren großartig. Wenn es sich um Sachliches handelte, so enthielten sie nie ein Wort zu wenig oder zu viel. Sie hatte ein höchst romantisches und abenteuerliches Leben hinter sich und war nun, so könnte man sagen, die Nachfolgerin von Lady Hester Stanhope.« Mrs. Burton beschreibt dann, wie Jane ihre Zeit zwischen dem Haus in Damaskus und den Beduinenzelten teilte. »Als ich sie zuerst in Damaskus traf, führte sie ein halb europäisches Dasein. Sie schwärzte sich die Augen mit Ruß und lebte in einer sonderbar unordentlichen Art. Sie war geehrt und geachtet als Königin ihres Stammes, sie trug immer das gleiche blaue Gewand, ihre schönen Haare in zwei langen Flechten bis auf den Boden. Sie molk die Kamele, sie diente ihrem Mann, bereitete ihm das Essen, reichte ihm das Wasser, um Hände und Gesicht zu waschen, und wusch ihm die Füße. Sie bot ihm Kaffee und Sorbet an, sie brachte ihm die Nargileh, und während er aß, stand sie dabei, bediente ihn und war stolz darauf.

Sie sah wundervoll aus in der orientalischen Tracht, und wenn man sie im Bazar traf, hätte man sie nicht älter als auf 34 Jahre geschätzt.«

Meist scheint Jane ganz »à la Bédouine« gelebt und die üblichen blauen Gewänder getragen zu haben, aber von Zeit zu Zeit schmückte sie sich auf das prächtigste. In ihrem Testament finden sich Hinweise auf prachtvollen orientalischen Schmuck. »Meine arabischen Preziosen, mein Gürtel, und meine in Gold und Silber gefaßten Juwelen, mein silberner, vergoldeter Kopfputz, der Busenschmuck und meine korallenbesetzten Zügel, der Zweig aus farbigen Diamanten für das Haar.« Ich stelle sie mir gern beladen mit den Trophäen ihrer Schönheit vor, bei denen sich dezente europäische Liebesgaben mit der eher barbarischen Pracht ihres neuen Volkes mischten. Ich stelle sie mir vor, wie sie so vielleicht einer »Fantasia« beiwohnt: Die Pferde rasen mit donnernden Hufen, Gewehrsalven krachen über die Zuschauer hin … und sie macht die Honneurs mit der gleichen Anmut, die einst den Salons in Paris, München oder Athen zur Zierde gereicht hatte …

Doughty, der gelehrte Reisende, lebte in den Jahren 1875-76 versteckt irgendwo im Eingeborenenviertel von Damaskus und studierte Arabisch, um sich für seine Reisen durch Innerarabien vorzubereiten. Solche Menschen nahmen Jane Digby el Mesrab und ihr Mann immer mit Gastfreundschaft und Wärme bei sich auf. Aber die andern, die sie nur wie eine Sehenswürdigkeit bestaunten, wurden eisig abgewiesen. Jeder, der einen empfehlenden Brief von Freunden brachte, konnte sicher sein, in dem reizenden Hause empfangen zu werden, das sie beim Bab Menzel Khassab, einem der vielen Tore von Damaskus, gebaut hatte. Es war genauso schön und persönlich wie jede ihrer bisherigen Heimstätten. Den Garten füllten lilienumstandene Teiche, seltene Pflanzen und Obstbäume aus England. Es gab auch englische Blumen, die sie an ihre Jugend in Norfolk erinnert haben mögen, buntgeblümte Bauernbeete, voll mit Nelken und Schleifenblumen, mit Federnelken und Glockenblumen. Medjuel warf begehrliche Blicke darauf. Er interessierte sich nicht für die Gartenkunst. Aber was für eine herrliche Weide hätten sie für seine Kamele abgegeben! Die Ställe und Nebengebäude lagen um einen Hof, in dem ein Springbrunnen spielte und wo die ihr immer noch getreulich dienende Eugénie die ständig wachsende Menagerie Janes versorgte. Außer Pferden, Eseln, Dromedaren, einem Pelikan, persischen Windspielen und Papageien gab es zeitweise an die hundert Katzen dort, und jedes Tier mußte seinen eigenen Teller haben. Kein Wunder, daß sie einzig Eugénie eine solche Aufgabe anvertrauen konnte: Den Beduinen wäre es ungehörig und zugleich unbegreiflich erschienen. Das Haus war zum größten Teil europäisch eingerichtet mit viel Goldbronze, Spiegeln, Gobelins, Nippes und den unvermeidlichen Familienfotografien. Es gab einen herrlichen achteckigen Salon von beträchtlicher Größe und Eleganz, wo Jane ihre Gäste empfing – inmitten der hübschen Dinge, die sie im Laufe ihres Wanderlebens gesammelt hatte. Ihre Kleider waren zwar nicht mehr ganz nach der letzten Mode, doch von unverkennbarem pariserischem Chic. Sie trug ein wunderbares Perlenkollier. Der Kaiser von Brasilien machte einmal zu einer etwas merkwürdigen Stunde – um sechs Uhr morgens – dort Besuch, wurde aber freundlich empfangen. Er geriet sofort in ihren Bann. Und Jane äußerte später, unter all den sympathischen königlichen Hoheiten, die sie gekannt habe, sei er die allersympathischste gewesen.

Die Verwandten und Bekannten ihres Mannes und deren Art, sich zu geben, anerkannte Jane bedingungslos. Sie war »beduinischer als die Beduinen«, meint Isabel Burton, und sie war nicht nur von ihnen geachtet, sie nahm tätigen Anteil an ihrer Gepflogenheit, Überfälle auf Reisende zu veranstalten und große Summen für ein sicheres Geleit durch ihr Territorium zu erheben. Mrs. Burton berichtet, wie sie und ihr Mann sich schließlich eines verdächtigen Burschen bemächtigten, den ihnen Jane als »Ghafir« oder Geleitschutz für ihre Expedition nach Tadmor empfohlen hatte. »Diese Reise war damals eine außerordentlich schwierige Sache. Zunächst wurden von den Mesrabi, die das Geleit stellten, sechstausend Franken erhoben … Es gab kein Wasser, das heißt nur zwei Brunnen auf dem ganzen Wege, und die waren einzig ihnen bekannt. Man reiste bei Nacht und verbarg sich bei Tage. Die Mühen und Gefahren waren erheblich. Kamele brauchten etwa zehn Tage und Pferde rund acht … Lady Ellenborough – Mrs. Burton sah in ihr immer mehr die englische Aristokratin als eine Stammesangehörige der Mesrabi –, Lady Ellenborough half ihrem Stamm dabei, die Brunnen geheimzuhalten und Geld von den europäischen Reisenden zu erpressen, die Palmyra besichtigen wollten. Es brachte dem Stamme große Summen ein.« Die Burtons waren zu dieser Unternehmung entschlossen, hatten aber kein Geld für solche touristischen Extravaganzen. Richard Burton brauchte keinen Dolmetscher. Als er seine Frau fragte, ob sie bereit sei, das Wagnis dieser Unternehmung auf sich zu nehmen, antwortete Isabel in der für sie so charakteristischen Art: »Wo du hingehst, da will auch ich hingehen!«

Isabel vermerkt, daß Lady Ellenborough, als sie von ihrem Entschluß hörte, ganz aufgeregt wurde: »Sie wußte, daß dies einer großen Einnahmequelle ihres Stammes den Todesstoß versetzen würde. Sie war sehr befreundet mit uns und auch weitläufig mit meiner Familie verwandt, und sie hätte uns zweifellos besondere Vergünstigungen verschafft, wenn dies nicht das ganze System zunichte gemacht hätte. Sie versuchte ihr Möglichstes, um uns von unserem Vorhaben abzubringen, sie weinte über unser Schicksal und hielt uns vor, daß wir nie zurückkehren würden. Tatsächlich wurde uns von allen Seiten empfohlen, unser Testament zu machen. Schließlich bot sie uns die Begleitung eines ihrer Mesrabi an, damit wir leichter Zusammenstöße mit den Beduinen vermeiden und Wasser finden könnten, wenn es überhaupt welches gäbe!« So etwa stellen sich die Dinge in Mrs. Burtons Bericht dar. Es kann eine recht anmaßende Auslegung eines völlig unschuldigen Angebots von Janes Seite sein – oder auch nicht. Jedenfalls konnte es Burton mit jedem Beduinen aufnehmen. Er sprach oft von dem raschen Verfall der arabischen Ritterlichkeit, die sich vor allem in der zunehmenden Verräterei und der Entwertung des traditionellen Ehrbegriffs zeigte. Wo einst die heilige Zeremonie des gemeinsamen »Salzbrechens« den Reisenden Sicherheit unter den Stämmen gab, hatten nun Hunger und Elend alles verändert. »Es ist nutzlos, sich auf das ›Nahnu malihin‹ – ›wir sind Salzbrüder‹ – zu berufen!« schrieb Burton. »Sie ergänzen: das Salz ist nicht in unserem Bauch! Die große Mehrheit dieser ›Söhne des Antar‹ wollen nichts mehr von den ritterlichen Gepflogenheiten ihrer Vorväter wissen oder machen sich sogar darüber lustig. Und es gibt Schurken, die einem mit der einen Hand die Salzschale darbieten und mit der anderen den tödlichen Dolchstoß führen!«

Dennoch beschlossen die Burtons aufzubrechen: Sie nahmen Janes Angebot eines Mesrab-Ghafir an, führten aber, um ganz sicherzugehen, noch siebzehn Kamele mit Wasserschläuchen mit. Beide kleideten sich arabisch und waren bis an die Zähne bewaffnet. Sie hatten außerdem noch einige Reitknechte, türkische Polizisten und Vorreiter mit und vor allem Burtons getreuen afghanischen Diener und Wächter Mohammad Agha. Mit dieser beachtlichen Kavalkade machten sie sich also nach allen Regeln der Kunst auf den Weg. Dennoch wurden alle möglichen Vorsichtsmaßnahmen getroffen. Sie schliefen in Kleidern, die geladenen Pistolen neben sich. Die Männer mußten umschichtig Wache halten, und den Kamelen wurden ihre Glocken abgenommen, so daß nachts absolute Stille auf dem Lagerplatz herrschte. Als sie etwa eine Tagesreise von Damaskus entfernt waren, kam Mrs. Burton die Miene des Mesrabi nicht ganz geheuer vor – er schien belustigt. Sie besprach es mit ihrem Mann, und beide waren eigentlich sicher, daß er im Begriff war, sie in eine Falle zu führen. Burton rief den treuen Mohammad Agha zu sich und gab ihm einige Anweisungen auf persisch. Der Afghane eilte mit seiner üblichen Antwort davon: »Ja, bei Allah, Exzellenz, und wenn er in der Hölle wäre – ich werde ihn herausholen!«

Man nahm dem Beduinen sein Pferd und seine Waffen ab und setzte ihn auf einen der Maulesel, die das Gepäck trugen. »Wir behandelten ihn durchaus freundlich, und wir teilten alles mit ihm, was wir hatten, aber er wurde Tag und Nacht von zwei Männern bewacht und war also machtlos. Wir wußten genau, daß er sonst unter dem Vorwand, nach Wasser auszuschauen, auf seinem Vollblut in großem Bogen davongeritten wäre. Tatsächlich aber hätte er so seine

Stammesbrüder auf uns aufmerksam gemacht, und dann wären wir gefangengenommen worden. Sicher hätte man Befehl gegeben, uns achtungsvoll zu begegnen und gut zu behandeln. Aber wir hätten ein hohes Lösegeld zahlen müssen, und es wäre erwiesen gewesen, daß es eben unmöglich ist, Palmyra ohne das Geleit der Beduinen für sechstausend Franken pro Kopf zu erreichen. Das Foreign Office hätte seine Mißbilligung deutlichst zu erkennen gegeben und vielleicht sogar seinen Konsul abberufen, weil er sich in solche Wagnisse einließ. Sobald ein Überfall seiner Stammesgenossen drohte, zeigten wir unsern Beduinen vor, um zu beweisen, daß wir mit beduinischem Geleit reisten – aber es wurde ihm nicht erlaubt, sich zu rühren oder Zeichen zu geben.«

Jane wird über diese Kränkung, die man ihrem geliebten Mesrabi angetan hatte, getobt haben. Vielleicht aber war sie insgeheim auch erleichtert, daß man dem Stamm auf diese Weise und ohne jedes Blutvergießen eine bekömmliche Lektion erteilt hatte. Es ist nicht bekannt, ob sie irgendwelche Versuche anstellte, die Beduinen von ihren gewalttätigen Gewohnheiten abzubringen. Und schließlich darf man es Medjuel, dem edlen, löwenherzigen und unabhängigen Geliebten, der sich niemals an ihrem Vermögen vergriff, nicht verdenken, wenn er versuchte, seinem Stamme in der traditionellen Weise zu Einnahmen zu verhelfen. Nein – höchstwahrscheinlich waren Janes Sympathien doch mehr auf der Seite der Beduinen als auf der der Burtons. Sie schwieg sich diskret darüber aus. Aber wie sie Tränen vergossen hatte, als sie die Burtons in unbekannte Gefahren entließ, so begrüßte sie auch ihre Rückkehr mit allen Zeichen der Erleichterung. Es war eben Schicksal. Insch'allah! Gott hatte es so gewollt!

Das Jahr 1872 brachte eine Menge Abenteuer und auch einige höchst komische Begebnisse. Die Streitigkeiten zwischen den Stämmen flammten immer wieder in gefährlicher Weise auf. Die Mesrabi unterstützten die Saba gegen ihre traditionellen Gegner, die Rowala, in der lebenswichtigen Frage der Weideplätze und der Handelskonzessionen. Nach einer Reihe von geheimen Verhandlungen und Auseinandersetzungen mit der türkischen Verwaltung – die solche Fehden nur begünstigte – forderten die Rowala die Saba zum Kampf heraus. Die Mesrabi kamen den Saba zu Hilfe, aber die Sache ging schlecht für sie aus, und sie hatten hohe Verluste an Menschen und Vieh. Ihre Lagerplätze wurden geplündert. Jane eilte zu Medjuel, um während des Kampfes an seiner Seite zu sein. Die Saba heilten ihre Wunden und sammelten sich zu neuem Angriff. Es kam zu blutigen Gefechten, und diesmal wurden die Rowala bei Jabul geschlagen. Ganz Syrien sprach von dieser wilden Schlacht. Die Verluste der Mesrabi führten auch zu dem Gerücht, die Frau des Stammesführers, die »Umn-el-Laban«, sei getötet worden.

Von Jane und Medjuel fehlte jede Nachricht. Die Gerüchte vervielfachten sich. Jane wurde jetzt in der Levante ebenso berühmt, wie sie es in Europa gewesen war. Im Leben wie im – vermeintlichen – Tode bot sie Anlaß zu Schlagzeilen. Die Zeitungen wetteiferten miteinander darin, alte Geschichten aufzurühren. Die Nachrufe waren eine pikante Lektüre, alle wußten sie die gleiche Geschichte – nur in verschiedenen Graden der Genauigkeit – zu berichten. Einer begann gleich in unverschämtem Tone: »Da ist gerade eine edle Dame gestorben, die in ungewöhnlicher Weise Gebrauch von der Ehe oder vielmehr Mißbrauch mit ihr getrieben hat.« Der Schreiber bedachte sie mit sechs Gatten – allein in Italien! »Sie war bereits bei ihrem siebzehnten Gatten angelangt, als sie in Athen den griechischen Oberst Graf Theotoky heiratete, der sie nicht länger zu halten vermochte als alle übrigen.« Und so weiter und so weiter. Im gleichen Nachruf wurde als ihr neunter Gatte ein Kameltreiber genannt, der ihr im Tode vorausgegangen war. Das war nicht genauer als Burkes Adelskalender, der in einer Ausgabe ihre erste und zweite Heirat zwar richtig vermerkt, aber im weiteren jede Kontrolle über seine Daten verliert: »War in dritter Ehe mit Scheich Medjuel, einem General der griechischen Armee, verheiratet, in vierter Ehe mit Medjuel, einem orientalischen Edelmann.« Solche Variationen über das eheliche Thema lagen freilich völlig außerhalb des Erfahrungsbereiches von Burke. Nachrufe überschwemmten weiterhin die englischen, französischen und deutschen Zeitungen – einer immer farbenprächtiger ausgeschmückt als der andere. Janes Verwandte waren tief gekränkt: Sogar noch aus dem Grabe erhob die zügellose Leidenschaft ihr wüstes Haupt.

Aber solche Verleumdungen sollten nicht ungerächt bleiben. Mrs. Burton, die seit dem unglimpflichen Rückruf ihres Mannes wieder in England lebte, vergaß ihre Verehrung für Lady Ellenborough nicht. Sie erinnerte sich noch an den Zauber der Abende auf dem flachen Dach in Salahiyyeh. Mit der ihr eigenen Energie trat sie in die Schranken, um das Gedächtnis ihrer lieben Freundin reinzuwaschen. Seitenlange Dementis und Verteidigungsartikel gingen an die »Times« und an andere europäische Blätter. Ihre Beweggründe entsprangen echter Loyalität, aber sie war in ihren Aussagen fast ebenso ungenau wie alle übrigen. Mit einem Federstrich tat sie alle Verleumdungen ab, die Jane eine etwas freie Lebensführung vorwarfen. Nachdem sie Lady Ellenboroughs hohe Tugenden gepriesen hatte, verweilte sie bei ihren regelmäßigen Kirchgängen – »oft zweimal am Sonntag«. Und nachdem sie verkündet hatte, wie genau Jane immer ihre Pflichten als gute Christin und Engländerin erfüllt hatte, fährt sie mit steigendem Eifer fort: »Es gab nur einen Fehltritt in ihrem Leben – und wer will sagen, ob er ihr selbst zur Last zu legen ist?« fügt sie großmütig hinzu. »Und dieser ist durch fünfzehn lange Jahre der Güte und Reue ausgelöscht.«

Mrs. Burton gab also Fürst Schwarzenberg als Janes einzige Verfehlung zu, übersah aber einfach alle übrigen Abweichungen vom Weg der Gnade. Sie fügt noch hinzu, daß sie im Besitz von autobiographischen Aufzeichnungen und Material sei, das Lady Ellenborough ihr diktiert habe, denn sie sei von ihr gebeten worden, ihre Lebensgeschichte zu schreiben.

Aber Jane war keineswegs tot. Als sie schließlich an Medjuels Seite im Triumph nach Damaskus zurückritt, hatte sie das zweifelhafte Vergnügen, ihre eigenen Nachrufe zu lesen. Mrs. Burtons Äußerungen scheinen sie mehr aufgebracht zu haben als alle anderen, und sie verschickte sehr entschiedene Dementis nach allen Seiten. Sie sei nicht tot – sie habe keineswegs neun Gatten gehabt, und sie habe auch zu keiner Biographie ihre Zustimmung gegeben. Es kam zu einem scharfen Briefwechsel zwischen den beiden Damen, aber da Jane nicht nachtragend war, scheint sie die ganze Angelegenheit ihres Todes über der weit angenehmeren Tatsache ihres Lebens vergessen zu haben. Aber die arme Mrs. Burton empfand die Zurechtweisung bitter. Sie hatte es doch so gut gemeint!

Inzwischen war Jane Großmutter geworden. Nie war sie eine wirklich begeisterte Mutter gewesen, und geliebt hatte sie eigentlich nur Leonidas, um den sie immer noch trauerte. Die Schwarzenberg-Kinder waren ihr ziemlich gleichgültig geblieben. Die beiden Venningens, Bertha und Heribert, die sie Theotoky zuliebe im Stich gelassen hatte, erweckten niemals eine besonders starke mütterliche Sehnsucht in ihr. So scheint auch die Rolle der Großmutter ihr nicht so nahegegangen zu sein wie die Angelegenheiten ihres Stammes. Aber obgleich sie die Venningen-Kinder nie wiedergesehen hatte, stand sie doch im Briefwechsel mit ihnen. Bertha war ein schwieriger Fall: Sie war geistig zurückgeblieben und wurde schließlich in eine Heilanstalt eingeliefert.

»Arme Bertha!« schrieb ihre Mutter ehrlich bekümmert und machte sich Vorwürfe, daß sie ihren mütterlichen Pflichten so mangelhaft nachgekommen war. Hätte sie Berthas Los verhindern können, wenn sie bei ihr geblieben wäre? Nein, das wäre ein sentimentaler Standpunkt gewesen (und Jane war immer: gefühlvoll, aber nur selten sentimental). Mit Heribert war es ganz anders. Er bot gar keine Probleme, und obwohl Mutter und Sohn sich nie begegnet waren, standen sie freundschaftlich zueinander. Sie hütete das Foto, das er ihr einmal geschickt hatte, und war entzückt, als er seinen Freund Graf Louis Arco-Valley bat, sie zu besuchen. Wir können uns vorstellen, wie Heribert seinen Kommilitonen nötigte, seine exotische Mutter aufzusuchen. »Bitte, besuche doch Mama – sie lebt dort irgendwo in der Wüste, weißt du.« Aber wußte der junge Graf alles von ihr? Man muß es sich vorstellen: Ein junger Student aus Heidelberg, der vermutlich das Heilige Land besuchen wollte und, in Syrien angekommen, von den wilden Rufen der Mesrabi willkommen geheißen wurde, die ihn durch die Ebene bis nach Damaskus zu der Frau ihres Anführers, zu Heriberts Mutter, geleiteten!

Der ganze Stamm war stolz auf seine »Sitt« und ihr treu ergeben. Zu allen Tages- und Nachtzeiten erschienen sie bei ihr und baten um Rat und Hilfe. Manchmal, in besonderen Notfällen, kamen sie in Scharen nach Damaskus hinein bis in ihr Haus und breiteten sich über das ganze Anwesen aus. Sie tränkten ihre Kamele am Brunnen, schlugen ihr Lager in Janes schönem Garten auf, schwärmten sogar im Haus herum und schliefen auf den Treppenstufen. Aber es waren Medjuels Leute! Jane fand nichts dabei. Sie saß ungerührt mit einer Handarbeit in ihrem achteckigen Wohnzimmer oder plauderte mit Archäologen oder vielmehr mit Leuten, die sich als Archäologen ausgaben, über Ausgrabungspläne. Sie galt allgemein als eine der größten Kennerinnen auf dem Gebiet der syrischen Ruinenfunde.

Als der bayerische Maler Carl Haag 1859 in Syrien war, gingen die beiden zusammen malen, und Medjuel und seine Leute begleiteten sie zu entlegenen und malerischen Aussichtspunkten. Man kann sich die Situation gut vorstellen: Haag, der arrivierte Maler, dessen seidenglatte Stiche so viele Londoner Wohnungen zierten, schon ein wenig saturiert in der Sicherheit der Gunst der Königin Viktoria und des Prinzgemahls, aber immer noch ganz der professionelle Künstler mit dem grüngeränderten Sonnenschirm über seiner leichten Reisestaffelei, dem Faltstuhl und einer stattlichen Palette von Wasserfarben. Und daneben Jane mit sehr viel weniger Drum und Dran und nun gänzlich an die Sonne gewöhnt, munter und geschickt drauflosmalend – in der freundlich-exakten Art der Landschaftsbildchen jener Zeit. Die Szene hat etwas Rührendes: Da sitzt nun diese atemberaubende Abenteurerin, die Frau eines arabischen Häuptlings, die Honourable Jane Digby el Mesrab, ruhig mitten in der Wüste und malt zarte Aquarelle in der Art, wie Steely es sie vor langer Zeit im Schulzimmer von Holkham gelehrt hatte.

Während Jane Skizzen vom romantischen Orient verfertigte, der sie umgab, plauderte sie mit ihrem Gefährten über gemeinsame Freunde in London und München. Und im Schatten einiger verkrüppelter Ölbäume saßen Medjuel und seine Mesrabi in ihren Burnus gewickelt, unbeweglich, schweigend, und starrten mit dem eigentümlichen, in sich gekehrten Blick des Arabers vor sich hin – als hätten sie den Gegenstand angeschaut und betrachteten ihn nun ausgiebig von innen. Als Jane erfuhr, daß Haag den Prinzgemahl gemalt habe, beauftragte sie ihn sofort, Medjuel zu porträtieren. Nicht, daß sie etwa in Medjuel einen Prinzgemahl gesehen hätte; im Gegenteil, er war ihr angebeteter Herr und Meister, für den eigentlich nichts – nicht einmal der Hofmaler der Königin Viktoria – gut genug war.

»Zweiundsechzig Jahre!« schrieb Jane an ihrem Geburtstag, »und doch glaube ich, daß mich kein noch so ungestümes und romantisches junges Mädchen in der Glut meines Gefühls übertreffen kann.« Dieser Überschwang war ihr noch bis ans Ende der Sechzig eigen. Sie gehörte offensichtlich zu jener kleinen Schar von Frauen, die ewig jung und begehrenswert bleiben. Es ist unmöglich, alle Legenden, die sich um sie rankten, einfach zu widerlegen mit der Behauptung, sie sei zudringlich und wahllos gewesen oder ihr Geld habe ihr, lange nachdem andere Frauen zum alten Eisen geworfen werden, immer noch zu Liebhabern verholfen. Es wäre Jane nie in den Sinn gekommen, daß sie ihre englische Staatsangehörigkeit oder ihre eigene Persönlichkeit verlieren könne, wenn sie die Frau eines Arabers wurde – ebensowenig scheint sie je daran gedacht zu haben, daß sie altern könne.

Lord Redesdale erzählt in seinen Memoiren, daß sie von den Freunden ihrer Jugend, vom London des »Regency« sprach, als sei auch für jene die Zeit stehengeblieben. So erkundigte sie sich nach einem alten Freunde, Lord Clanwilliam. Mr. Mitford, wie Lord Redesdale damals noch hieß, erwiderte, er sei einfach fabelhaft und steche sie noch alle aus: »Vor zwei oder drei Monaten war er in Highclere beim Schlittschuhlaufen.«

Sie sah ihn verdutzt an. »Aber warum auch nicht?« fragte sie.

»Nun«, meinte er, »Sie dürfen nicht vergessen – er ist inzwischen schon über siebzig.«

»Meine Güte!« rief Jane aus. »Ist es denn möglich? Dieser hübsche junge Mann!«

Sie sah jung aus, und sie blieb es auch wirklich. Bewunderung und Liebe erhalten die Schönheit am besten. Ihr Leben war nicht für den Lehnstuhl gemacht. Es wechselte sozusagen zwischen dem Sattel und dem Alkoven. Bis wenige Jahre vor ihrem Tode wandelten sich das Tempo und die Art ihres Lebens nicht. Lord Redesdale erwähnt auch, wie sie ihm einen ihrer vielen Ausritte zum Kampf beschrieb – um irgendeinen Übergriff eines anderen Stammes zu rächen. »Tatsächlich leben wir«, so fügte sie hinzu, »immer mit einem Fuß im Steigbügel. Morgen früh zum Beispiel müssen wir in die Wüste!« Das war im Jahre 1871, und sie war damals Mitte Sechzig.

Ihre Liebe zu Medjuel blieb romantisch und leidenschaftlich, und abgesehen von der einen geheimnisvollen Episode, da ihr der Rivale Medjuels, Scheich Fares, seine stürmische Aufmerksamkeit schenkte, blieb sie Medjuel treu. Aber wie stand es mit ihm? Zweifellos liebte er sie innig, und er hatte keine Sablas, keine aufgeputzte Geliebte, auch nahm er sich keine zweite Frau, wie es in ihrem seltsamen Heiratskontrakt vorgesehen war. Er muß ein leidenschaftlicher Ehemann gewesen sein, wie man einigen Andeutungen in ihren Tagebücher entnehmen darf. Aber es gab immer wieder Gerüchte von gewissen Beziehungen, die er weit draußen irgendwo in der Wüste unterhielt – Gerüchte, die sich beharrlich wiederholten und die Jane quälten. Jahrelang war sie furchtbar eifersüchtig auf ihre Stiefschwiegertochter Quadjid, die, wie es hieß, für Medjuel längst viel mehr bedeutete als eine Schwiegertochter.

Auch hatte es – um wieder zurückzugreifen – im Jahre 1859 eine Entfremdung zwischen ihnen gegeben, als Jane die Christen während des großen Massakers in Schutz genommen hatte.

Dieses häßliche Kapitel der syrischen Geschichte begann mit einem ungewöhnlich schneereichen Winter, der die ganze Kornernte vernichtete und Hungersnot und wachsende Unruhen zur Folge hatte. In diesem Augenblick fielen Christen und Mohammedaner übereinander her. Im Mai des gleichen Jahres brachten die Drusen nahezu alle Christen in Beirut um. Die Massaker verbreiteten sich in Wellen über das ganze Land. Im Juli erreichten sie Damaskus. Kurden und Drusen steckten die Stadt in Brand und räucherten die Christen aus. Sie wurden enthauptet, vergewaltigt oder verstümmelt. Die Leichen türmten sich und verwesten in der Gosse. Es war ein grauenhaftes Bild. Wer fliehen konnte, floh. Aber Abd el Kadir und Jane Digby el Mesrab blieben, um, soweit es anging, einzugreifen. Abd el Kadir stürzte sich mitten ins Gemetzel, um den Mob zur Vernunft zu bringen. Als er sah, daß er nichts ausrichten konnte, öffnete er sein Haus allen Christen als Zuflucht. Jane hörte auch in ihrem Hause, das nahe am mohammedanischen Viertel lag, den Kampf toben. Als christliche Frau eines Mohammedaners war ihre Lage gefährlich. Medjuel und seine Leute hatten das Haus in eine Festung verwandelt. Feuersbrünste rasten über die Stadt. Die ausländischen Konsulate brannten. Einige der Konsuln konnten mit ihrem Personal entfliehen, andere wurden verwundet oder getötet. Nur wenige von ihnen scheinen auf den Gedanken gekommen zu sein, gemeinsam vorzugehen. Vereinigt hätten sie Widerstand leisten können. Nur ein einziger, der griechische Konsul, machte Anstalten, sich zu verteidigen. Er zog sich mit einem Gewehr und einer Flasche Raki auf das Dach seines Hauses zurück. Aus dieser günstigen Stellung schoß er jeden Moslem nieder, der sich ihm näherte. Schließlich lag eine ganze Reihe Leichen um sein Haus, und als der Mob das sah, wich er zurück. Aber selbst eine solche Findigkeit blieb machtlos gegen das sich ausbreitende Feuer. Hinzu kam die syrische Julihitze. Die Stadt war ein Backofen. Leichengestank und Schreie und Stöhnen der Gefolterten erfüllten die Luft. Damaskus, die goldene Stadt, das Paradies auf Erden, war ein Inferno geworden. Dennoch verließ Jane den Schutz ihres arabischen Hauses und wagte sich ganz allein in die Stadt, um wie Abd el Kadir dem Morden nach Möglichkeit Einhalt zu tun. Sie hatte nicht mehr Erfolg als er, aber sie ließ nicht locker. Weder ihr noch ihrem Hause geschah etwas – ein bemerkenswertes Zeichen für ihre Stellung unter den Arabern.

Aber sie hatte sich öffentlich und nachdrücklich zum christlichen Glauben bekannt, den sie auch weiterhin betonte. Ihr Charakter ließ Ausflüchte und Kompromisse nicht zu. Sogar ihre Liebe zu Medjuel und zu den Arabern mußte hier zurückstehen. In ihren reiferen Jahren hatte Jane einen starken Glauben gewonnen. Sie hätte ihn ebensowenig verleugnen können wie vor Jahren ihre Liebe zu Schwarzenberg. Die Geradheit ihres Verhaltens wirkte in diesem Falle taktlos. Es kam ihr eben niemals in den Sinn, ihre Liebe oder ihre religiöse Überzeugung zu verbergen. Aber anscheinend beharrte Medjuel genauso fest auf seinem Standpunkt. So kam es zu einer Entfremdung zwischen ihnen.

Er ging in die Wüste und ließ Jane verzweifelt zurück.

Aber sie blieb nicht allein. Sogar noch nach dem Massaker, als sie als ungehorsame mohammedanische Ehefrau – als Ungläubige – gebrandmarkt war, ereigneten sich eine Reihe aufregender und höchst unwahrscheinlicher Szenen im Stil einer Opera buffa: Der Scheich Fares nämlich wiederholte seinen Antrag auf sehr listige und für Jane recht peinliche Weise. Sie war völlig verlassen in Damaskus, ohne Hilfe der Mesrabi oder eine Unterstützung durch die englischen Beamten, die sie hätte erwarten dürfen, wenn sie noch Engländerin gewesen wäre. Durch ihre Heirat und ihren langen Aufenthalt in Syrien aber war sie inzwischen türkische Staatsangehörige geworden. Fares war ein mächtiger Fürst, der gewaltige Ländereien besaß. Daß er die faszinierende Frau Medjuels für sich begehrte und umwarb, steht außer Zweifel. Ihr Vermögen mag, wie Burton einmal zynisch behauptete, ihr Paß in der Wüste gewesen sein. Aber weder auf Medjuels Haltung noch auf Fares, der zudem steinreich war, hatte es einen Einfluß.

Noch in ihren reiferen Jahren und in einer anderen, der östlichen Welt, siegte Janes Charme über alles. Was übrigens die Anschauung zu widerlegen scheint, daß die Araber im Gegensatz zu den Chinesen nur für zarteste Jugend empfänglich sind. Aber vielleicht bildete Jane auch in diesem Punkt die Ausnahme von der Regel.

Die Kurve ihres erotischen Lebens muß von der unschuldigen Koketterie des jungen Mädchens rasch zu den lebensgierigen Liebeleien der jungen Frau angestiegen sein, die dann auch zu ihrer ersten Liebesaffäre führten. Danach gab es kein Zurück mehr. Es gibt Frauen, die als Suffragetten um gleiches Recht mit dem Mann kämpfen, und es gibt Frauen, die sich ihr Leben lang darüber beklagen, dem »schwachen« Geschlecht anzugehören, und die versuchen, gegen den Mann auf allen Gebieten des menschlichen Daseins zu protestieren, zu revoltieren, sich ihm entgegenzustellen. Jane gehörte weder zu diesen noch zu jenen. Sie brauchte nie für die Gleichberechtigung zu kämpfen: Sie kam ihr selbstverständlich zu. Heute würden wir »psychologisch geschult« sagen: Sie hatte keine Komplexe. Sie war ganz weiblich, schön und zerbrechlich in ihrer äußeren Erscheinung, aber sie ritt kühn durchs Leben und nahm alle moralischen oder gesellschaftlichen Hürden. Und wenn sie sich vom Mann unterschied, so nur dadurch, daß der Mann weniger liebt und rascher ermüdet. Schon in ihrer Jugend scheint sie Balzac durch die Glut ihrer Leidenschaft beeindruckt zu haben. Das entstellte Bild, das wir in Balzacs »Die Lilie im Tal« von ihr haben, ist das einzige Zeugnis aus erster Hand von der Frau, die so viele verschiedenartige Männer bezauberte. Man sollte meinen, daß Janes erotische Neigungen, als sie in der Mitte der Vierzig Medjuel begegnete, blasser geworden wären, vielleicht auch ihre Reize. Aber sie liebte Medjuel, wie sie nie zuvor einen Mann geliebt hatte. Diese Bindung erfüllte ihr ganzes Sein wie keine zuvor. Vielleicht trug auch die sagenhafte Liebesfähigkeit der Araber dazu bei. Es ist durchaus möglich, daß sie auf ihrem bewegten Weg durchs Leben gewisse erotische Bedürfnisse entwickelt hatte, welche die blaßblütigen Männer des Westens nicht mehr zu stillen vermochten. Fünfundzwanzig Jahre lang führte sie mit Medjuel eine leidenschaftliche Ehe, ohne daß sie sich zu der Idyllik von Philemon und Baucis milderte. Wenn man sich in Erinnerung ruft, daß sie ihn heiratete, als sie schon beinahe fünfzig war, so muß man zugeben, daß sie in jeder Hinsicht ein außergewöhnliches Geschöpf war. Ihre Schönheit, die so lange in Europa Triumphe gefeiert hatte, muß die Araber, die an ihre etwas eintönigen braunhäutigen Schönen gewöhnt waren, immer noch verwirrt haben. Janes herrliche Farben Weiß und Blau und Gold, ihre sanfte Stimme, ihre offensichtliche Jugendlichkeit, ihre Vitalität und Unabhängigkeit waren auf faszinierende Weise andersartig. Jeder, der sie in Syrien kennenlernte – von den örtlichen Missionaren bis zu Dom Pedro, dem Kaiser von Brasilien –, war bezaubert von dem zeitlosen Charme und der Einfachheit dieser Frau. Es war ein Zauber, der alle Stürme und Skandale überstanden hatte und nun zum Ende hin in einem goldenen Abendschein verglühte. Wie der Osten, kannte auch sie kein Zwielicht.

Aber schließlich kam doch das Alter »gleich großen schwarzen Rindern« immer näher. Aus allen Teilen Europas brachte die Post Todesanzeigen. Nur wenige von Janes Zeitgenossen lebten noch. Mit vierundsiebzig wurde ihr das Leben in den Beduinenzelten doch zu unbequem und die langen Wüstenritte zu beschwerlich. Einige Monate vor ihrem Tode mußte sie in Damaskus bleiben, und ihre Pferde standen im Stall, ohne daß jemand sie ritt. Medjuel ging ohne Jane in die Wüste hinaus, und sie empfand es voll Bitterkeit.

Einige Zeit zuvor hatte sie sich doch mit der unerbittlichen Wirklichkeit abgefunden und ein Grab auf dem protestantischen Friedhof gekauft. Vermutlich wußte sie, daß der Leichnam für die Mesrabi, wie für alle Araber, nicht der Beachtung wert erscheint und nichts ist als ein Paket, das man möglichst rasch irgendwo abstellt und vergißt. Vielleicht dachte sie an all die flachen Gräber in der Wüste, wo das Laken so oft als Sarg dienen muß – und an die umherschleichenden Schakale. Sie zog es vor, im Tode unter Christen zu ruhen.

Im Sommer des Jahres 1881 brach Cholera in Damaskus aus. Die meisten Europäer verließen die Stadt und zogen ins Gebirge. Jane und Medjuel blieben in ihrem schönen Haus mit seinen Gärten und Springbrunnen und ihren Tieren. Aber Eugénie war nicht mehr da, um den Hunderten von vierbeinigen Lieblingen das Essen auf ihre hundert Teller auszuteilen. Ob sie gestorben war oder schließlich doch, an den Anforderungen eines solchen Haushalts verzweifelnd, nach Frankreich zurückgekehrt ist, wissen wir nicht. Jedenfalls schied mit ihr eine weitere treue Freundin aus Janes Leben. Das Ende kam rasch. Am 11. August hatte sie einen Choleraanfall. Medjuel war bei ihr, als sie starb: Medjuel, der über dreißig Jahre lang für sie das Abenteuer, die Romantik und die Schönheit des Orients verkörpert hatte, der die Offenbarung ihres Lebens war. Mit Medjuel sank für sie nach Burtons schönem Wort, »die Poesie des Lebens niemals zur Prosa herab«.

Medjuel sorgte auch im Tode wie im Leben für die Dramatik, die sie so liebte. Als der Trauerzug sich im schicklichen Schneckentempo durch die Stadt wand, dem protestantischen Friedhof zu, empörte sich sein

Beduinenherz. Die düstere Pracht des Begräbnisrituals, die der Glaube seiner Frau vorschrieb, stieß ihn ab. Alle Trauernden fuhren wie elektrisiert auf, als er sich aus einem der ersten Trauerwagen hinausstürzte und wie ein Verrückter davonlief.

Der Prediger setzte gerade zu den letzten gewaltigen Worten des Trauergottesdienstes an, als das Donnern von Pferdehufen näher und näher kam. Medjuel war zurückgekehrt. Auf Janes Lieblingsstute galoppierte er ans offene Grab. »Staub zu Staub und Asche zu Asche ...« Ihr Mann, der Beduine, und ihr Araberpferd waren bei ihr – bis zum Letzten. Für Jane Digby sank die Poesie des Lebens nie zur Prosa herab.

1. Auflage 2005
edition ebersbach, Berlin 2005
www.edition-ebersbach.de

Lizenzausgabe mit freundlicher Genehmigung
der Wolfgang Krüger GmbH, Frankfurt am Main.
Auszug der deutschen Übersetzung von
Lesley Blanch »Sie folgten ihrem Stern«.
Deutsch von Kyra Stromberg.
First published by John Murray 1954
(Englischer Originaltitel: »The Wilder Shores of Love«)

Satz und Umschlaggestaltung: Kerstin Grundhöffer, Berlin
unter Verwendung des Gemäldes »Vertrauliches Gespräch«
von John Frederick Lewis (1873)
Druck und Bindung: Westermann Druck, Zwickau

Printed in Germany
ISBN 3-934703-96-8